DÉPARTEMENT DU RHONE

—

SERVICE

DES

CHEMINS VICINAUX

RAPPORT DU VOYER EN CHEF

Sur l'État du Service

AU 15 JUILLET 1853.

LYON

CHANOINE, IMPRIMEUR DE LA PRÉFECTURE

—

1853

Département du Rhône

SERVICE

DES

CHEMINS VICINAUX

RAPPORT DU VOYER EN CHEF

Sur l'État du Service

au 15 juillet 1853.

681

Les chemins vicinaux du département du Rhône prennent chaque année une plus grande extension. Ils tendent généralement vers le terme d'une viabilité complète. Si dans les premières années qui ont suivi la promulgation de la loi du 31 mai 1836, alors que le personnel des agents-voyers était moins nombreux et moins expérimenté, un temps considérable a été employé à l'étude des projets et à l'ébauche des terrassements, le moment est venu aujourd'hui d'élargir ces travaux sur une plus grande échelle, d'en perfectionner l'exécution, et déjà même, à l'heure qu'il est, une grande partie de nos nouvelles voies de communication ont été amenées à l'état d'entretien.

Malheureusement les désastres causés par les pluies de juin 1852 et l'humidité de la température qui a détrempé et ramolli le sol pendant tout le printemps de 1853, ont porté

atteinte à cette voie de progrès. La réparation de ces dégâts a donné lieu à de fortes dépenses au préjudice des travaux neufs, et le déblaiement des neiges et l'entretien des chemins pendant les pluies qui leur ont succédé, ont absorbé une grande partie des journées de prestation en nature.

Réparations diverses.

Toutefois, nous avons eu la satisfaction de porter un prompt remède aux avaries principales : le pont de Sain-Bel, par exemple, dont la chute était imminente, tant il avait été détérioré par la crue extraordinaire du mois de juin, a été immédiatement et complétement restauré. De grands soins ont été apportés à cette importante réparation et, au moyen d'un pilotage de l'avant-bec qui avait été négligé, par raison d'économie, lors de sa construction, il présente maintenant beaucoup plus de solidité qu'auparavant. Les dégâts causés à la même époque au chemin de grande communication n° 27, de Pontcharra à Villechenève, n'ont pas été réparés aussi promptement, parce que les eaux de la rivière de Torranchin, le long de laquelle cette ligne est établie, sont restées constamment à une hauteur telle qu'il a été impossible d'entreprendre les travaux. En général, la viabilité de plusieurs chemins a été compromise pendant quelque temps ; mais il était difficile qu'il en fût autrement, puisque les routes impériales elles-mêmes n'ont pas été à l'abri de cet inconvénient, malgré les soins minutieux et intelligents qui ont été employés à leur construction.

Travaux entrepris.

Nonobstant les difficultés occasionnées par les intempéries de la saison, des travaux notables n'ont pas moins reçu leur exécution sur les chemins de toutes les catégories. Ceux de grande communication approchent de leur achèvement autant que le permettent les ressources applicables aux travaux neufs, ressources qui diminuent chaque année, soit à cause des nouveaux classements prononcés par le Conseil général, soit par suite de l'augmentation des frais d'entretien, dont le montant suit la progression ascendante des travaux d'achèvement. Il ne faut pas se dissimuler cependant que de nouveaux classements de chemins vicinaux de grande communication tendraient nécessairement à retarder l'achèvement de ceux déjà très-étendus classés jusqu'à ce jour. L'étude des chemins d'intérêt commun se poursuit avec activité. Les travaux d'ouverture sont déjà entrepris sur tous les points du département, et leur exécution a reçu une grande importance surtout depuis l'année dernière. Enfin, l'amélioration des chemins ordinaires a pris aussi beaucoup de développement.

ntations.

Des plantations d'arbres et de haies vives ont été essayées principalement le long des chemins de grande communication, dans les parties où la chaussée élevée en remblai au-dessus du sol naturel, repose sur de larges talus ; ces plantations qui réussissent assez bien, ont l'avantage de retenir les terres, de procurer aux passants un ombrage rafraîchissant, et de remplacer économiquement le système des banquettes, sans rétrécir la voie. Du reste, elles sont effectuées à peu de frais, et elles s'étendent déjà sur plusieurs lignes. Plus tard, elles pourront produire un petit revenu qui augmentera d'autant les ressources applicables aux chemins sur le sol desquels elles auront été établies.

es kilomé-
iques.

Une amélioration d'un autre genre a également été tentée sur les lignes de grande communication. Je veux parler du kilométrage qui, sans être d'une nécessité absolue, a cependant de grands avantages, pour les voyageurs, en leur indiquant la direction des chemins et la longueur des distances, et pour les travaux d'entretien, en facilitant dans les devis ou dans les ordres de service la désignation des parties à réparer. Plusieurs de ces chemins sont déjà très-fréquentés ; des voitures publiques circulent sur quatorze de ces nouvelles voies et leur entretien exige maintenant une surveillance active et des soins incessants. Cependant, en présence des besoins multipliés du service, je n'ai pas cru devoir proposer l'affectation à ce kilométrage des fonds réservés spécialement pour les travaux, et j'ai préféré recourir à la voie des souscriptions particulières. L'appel que j'ai fait au public dans cette intention a été entendu, et déjà des bornes kilométriques sont placées sur toute l'étendue du chemin vicinal de grande communication n° 1, et sur quelques parties des chemins n°s 6 et 7. Ces bornes ont en section horizontale la forme de la moitié d'un hexagone régulier. Celles qui sont placées aux extrémités de chaque ligne ou à ses divers embranchements, servent de poteaux indicateurs; elles ont 1 mètre au-dessus du sol, ainsi que toutes celles qui sont placées de cinq en cinq sur le développement du chemin. Les bornes intermédiaires n'ont que 50 centimètres de hauteur.

Digue du Gier à Givors.

Une digue a été construite le long du Gier, en amont de Givors, dans le donble but de rétablir un chemin vicinal détruit par la rivière et de préserver une partie de la ville des dévastations dont elle était menacée continuellement par le torrent. Cette digue a été rattachée au territoire de Givors par un pont en pierres, de 8 mètres d'ouverture. Les crues fréquentes du Gier, au moment où ce travail était en cours d'exécution, ont souvent excité les craintes de l'administration municipale et des agents-voyers; mais, malgré tous ces obstacles, il est arrivé à bonne fin. Deux autres

Travaux d'art.

ponts de grande ouverture ont été aussi construits sur la Brevenne, au milieu des mêmes difficultés et à la même époque. Leur construction est achevée aujourd'hui à la satisfaction de toutes les localités intéressées. Toutefois, les efforts et la persévérance des agents-voyers sont restés impuissants dans la commune du Breuil, où les crues multipliées de l'Azergues se sont opposées à la construction d'un pont depuis longtemps projeté et dont on n'a pu fonder qu'une seule culée. Les travaux ont été repris cette année et j'aime à croire qu'ils seront bientôt terminés.

rès du
vice.

Tous ces ouvrages, toutes ces améliorations émeuvent les populations et deviennent l'objet de leurs affections. Il est peu d'entreprises de quelque importance qui ne donnent pas lieu à des souscriptions particulières. Les prestations en nature s'exécutent sans répugnance et avec beaucoup plus de facilité que par le passé. En un mot, tout fait pressentir que le service vicinal s'étendra bien au delà des limites qu'on avait espéré qu'il atteindrait. Chaque année de nouveaux projets sont conçus, de nouvelles demandes sont faites avec des offres de concours, et de nouvelles études sont élaborées. Chaque année aussi, les conseils municipaux mettent plus d'empressement à créer des ressources. Celles qui sont autorisées par la loi du 21 mai 1836, sont devenues famillières et sont presque partout portées au maximum. Enfin, un grand nombre de communes votent en outre des impositions extraordinaires. Ces bonnes dispositions prouvent suffisamment combien les effets d'une bonne viabilité sont sentis et appréciés par les populations rurales, et combien il importe de donner au service le plus grand développement possible. Au surplus, ce service reçoit une impulsion satisfaisante au moyen des mesures qui sont prises annuellement pour le maintenir et le perfectionner.

ins de la
lieue de
yon.

Avant le décret sur l'agglomération lyonnaise, les chemins vicinaux de la ville de Lyon et des villes suburbaines étaient confiés à la surveillance des voyers particuliers de ces villes; mais, depuis environ un an, ils ont été placés sous la direction des agents-voyers départementaux. Ces chemins forment un réseau de communications que leur position à l'entrée d'une grande ville rend naturellement très-importantes. Aussi ont-ils été de la part des agents-voyers l'objet des études les plus actives et les plus sérieuses. Un grand nombre de projets ont été préparés; quelques-uns ont déjà reçu leur exécution; les autres sont soumis aux formalités qu'exigent les lois relatives aux servitudes militaires dans la zone desquelles une grande partie des travaux projetés doivent être exécutés. Qu'il me soit permis, à cette occasion, de rendre hommage à l'activité obligeante et à l'empressement éclairé que l'officier supérieur, chargé de l'administration des fortifications, apporte dans toutes les questions qui sont soumises à son examen.

Les travaux à exécuter sur ces chemins consistent principalement en remblais et en déblais pour en régulariser la surface ou la rendre insubmersible. Ils exigeront peu de rectifications ou de changements dans leur direction; mais, en général, ils ont besoin d'un empierrement complet pour former une chaussée solide. D'un autre côté, il m'a paru indispensable de rendre les abords de Lyon plus agréables, soit du côté de la Guillotière, où rien n'arrête les rayons du soleil pendant les grandes chaleurs, soit dn côté de l'ouest, où la grande élévation des murs de clôture des propriétés riveraines des chemins présente un aspect monotone et fatiguant pour le voyageur. A cet effet, je me propose d'établir des plantations d'arbres partout où les dimensions de ces chemins le permettront, et j'ai déjà mis ce projet à exécution sur quelques points. La largeur nécessaire est de 10 mètres, dont 6 sont réservés pour la chaussée macadamisée, y compris deux rigoles pavées pour l'écoulement des eaux, et quatre pour un trottoir de 2 mètres de chaque côté du chemin. Les arbres sont plantés en rangées régulières entre la chaussée et chacun des trottoirs. Un de ces trottoirs est réservé pour le dépôt des matériaux d'entretien et l'autre est destiné au passage des piétons, de manière que la chaussée de 6 mètres demeure constamment libre et exclusivement réservée pour la circulation des voitures. Cette disposition produit un excellent effet. Je ne me dissimule pas toutefois, que lorsque ces arbres auront pris un grand accroissement et que leur feuillage sera devenu plus épais, le sol de la chaussée se desséchera plus lentement, et que les frais d'entretien de cette chaussée deviendront plus considérables ; mais j'ai lieu de penser que la ville n'aura pas à regretter cette légère augmentation de dépenses, en présence de l'embellissement qui en résultera et de l'agrément qu'y trouveront une grande partie de ses habitants, quand le dimanche ils sortent des ateliers où ils sont restés renfermés pendant toute la semaine, pour se répandre dans la banlieue. Ces arbres remplaceront la verdure dont la construction des murs de clôture prive les passants, et suppléeront, en quelque sorte, à l'insuffisance des promenades publiques.

Un peu trop livrées à elles-mêmes par suite de leur éloignement du centre d'action de l'administration qui les dirigeait, les quatre communes de l'Isère, récemment réunies au département du Rhône, n'avaient pas jusqu'ici tiré un bon parti de leurs ressources spéciales. Mais le zèle intelligent de MM. les maires de ces communes et le bon esprit des corps municipaux les ont bientôt déterminées à entrer dans une meilleure voie et à adopter, surtout en ce qui concerne la prestation en nature, un système d'emploi plus régulier et plus productif. Peut-être, au premier abord, leur population a pu paraître contrariée de sortir de ses anciennes habitudes, mais cette impression n'a pas duré, et les habitants peuvent déjà s'applaudir des résultats obtenus avec les seules ressources de 1853, car celles de 1852 étaient déjà employées lorsque le service m'a été confié. Avec la bonne volonté dont ces communes font preuve et qu'elles paraissent disposées à conserver pour l'avenir, il y a lieu d'espérer

qu'avant peu elles se trouveront dotées de bonnes voies vicinales.

J'ai eu depuis plusieurs années l'occasion de remarquer
que la valeur uniforme donnée aux journées de prestation
en nature dans tout le département, n'est pas en proportion
avec le produit réel obtenu du travail des prestataires dans
un grand nombre de localités. J'ai même déjà quelquefois
signalé les inégalités qui en résultent et qui sont onéreuses
pour certaines communes. Ce défaut de proportion me semble
aussi contrarier et rendre moins nombreux les rachats en
argent. Peut-être le moment serait-il venu de modifier le
tarif actuel de conversion ; mes observations à ce sujet feront
l'objet d'un rapport spécial qui pourra être mis cette année
sous les yeux des Conseils d'arrondissement et du Conseil
général.

La police des chemins vicinaux s'exerce sans qu'il soit
besoin de constater beaucoup de contraventions. Je recom-
mande constamment, d'ailleurs, d'employer toujours les
voies de persuasion avant d'user des voies de rigueur. Parmi les qualités nécessaires pour remplir convenablement les
fonctions d'agent-voyer, je place en première ligne l'activité
et la complaisance. On ne doit, en effet, négliger aucune
démarche pour concilier les intérêts nombreux, et souvent
opposés, qui se rattachent aux questions relatives à la construction des chemins et aux mesures à prendre pour leur
conservation. La plupart des agents-voyers ont parfaitement compris les avantages de cette manière d'agir, et
leurs bons procédés envers les populations produisent toujours de très-bons résultats.

Au moment où le Gouvernement prend des mesures actives
pour l'amélioration du sort des classes ouvrières et labo-
rieuses, notamment en ce qui touche à la salubrité et à la
commodité des habitations, il ne serait pas inopportun de

s'occuper des logements des cantonniers des chemins vicinaux. En effet, dans plusieurs localités, ils ne trouvent à se
loger que très-difficilement, et quelquefois même il leur est
impossible de se placer le long du chemin à l'entretien duquel ils sont attachés. Il résulte de là un grand nombre
d'inconvénients. D'abord, en ce qui concerne les cantonniers
eux-mêmes, parcequ'ils sont mal logés ou qu'ils sont souvent obligés de payer des loyers chers et hors de proportion
avec la modicité de leurs salaires; en second lieu, pour l'Administration, parce que si l'agent-voyer passe sur la station
en dehors des heures de travail, il est forcé de se détourner
et de perdre ainsi du temps pour transmettre les ordres de
service au cantonnier; enfin, pour les voyageurs qui ont
beaucoup de peine à trouver sa demeure pour en obtenir du
secours, quand, dans la nuit ou par le mauvais temps, il
leur arrive quelque accident.

Ces considérations m'ont amené à étudier avec soin un
système d'établissement de maisons de cantonniers le long
des chemins vicinaux de grande communication. Il existe
en ce moment des délaissés d'anciens chemins ou des fractions de parcelles acquises par l'Administration, qui pourraient servir d'emplacement à ces maisons. Les fouilles pour
fondations seraient faites par les cantonniers eux-mêmes,
et le transport des déblais et des matériaux de construction
par les prestataires. Au moyen de ces dispositions, on pourrait admettre un prix unique pour les constructions à élever
dans les différentes localités, ou du moins ce prix ne varierait que légèrement.

D'après ces bases, j'ai étudié un projet, qui, sans sortir
des limites du nécessaire, renferme cependant toutes les
conditions désirables de solidité et de commodité. Ce projet
aurait même l'avantage de se distinguer, par quelques dispositions, des constructions ordinaires, et son exécution

n'occasionnerait qu'une dépense de 660 fr. en argent pour chaque maison, en laissant comme je viens de le dire les fouilles et les transports de matériaux en dehors de cette dépense.

Si l'Administration admet ce système de logement des cantonniers conformément à mon projet, je proposerai d'y affecter, sur les fonds départementaux de l'exercice 1854, une somme de 6,600 francs qui suffirait pour la construction de dix maisons dans les emplacements ci-après désignés, savoir :

Pour la ligne vicinale n° 2, au territoire de St-Martin-en-Haut;

Pour la ligne vicinale n° 4, au territoire de Longessaigne;

Pour la ligne vicinale n° 5, au territoire de St-Igny-de-Vers;

Pour la ligne vicinale n° 10, au territoire de Ranchal;

Pour la ligne vicinale n° 11, au territoire de St-Martin-en-Haut;

Pour la ligne vicinale n° 13, au territoire de Ronno;

Pour la ligne vicinale n° 14, au territoire de Joux;

Pour la ligne vicinale n° 15, au territoire de Loire;

Pour la ligne vicinale n° 17, au territoire de St-Jacques-des-Arrêts;

Pour la ligne vicinale n° 24, au territoire de Pollionnay.

Chaque année, il pourrait être affecté un crédit semblable aux constructions les plus urgentes.

Caisse de retraites pour la vieillesse. Application en faveur des cantonniers.

Aussitôt après l'établissement de la caisse des retraites pour la vieillesse, je me suis empressé de donner connaissance aux cantonniers des avantages de cette sage institution placée sous la garantie de l'Etat; mais mes démarches sont restées à peu près sans succès. Cependant, je ne crois pas devoir abandonner cette idée, et je propose formellement à M. le conseiller d'Etat chargé de l'Administration du département du Rhône, de rendre obligatoire, dans l'intérêt des cantonniers, une retenue d'environ 5 pour 100 sur leurs salaires, pour être versée tous les ans ou tous les six mois, à la caisse des retraites. Les versements n'étant admis à la liquidation que lorsqu'ils s'élèvent à 5 francs ou à des multiples de 5 francs, il conviendrait de fixer à 25 francs, ou mieux à 30 francs par an, le montant des retenues à exercer sur chaque salaire, quel que soit d'ailleurs le chiffre de ce salaire, et d'assigner l'âge de 60 ans pour l'entrée en jouissance de la rente viagère à laquelle donnerait lieu chaque versement, capital non réservé. Voici les résultats qu'on obtiendrait :

1er Cas. En supposant un versement annuel et régulier de 25 francs, un cantonnier aurait droit à l'âge de 60 ans à une pension de retraite de

474 f. 17 c., si le 1er versement a eu lieu à l'âge de 20 ans ;
238 56   si ce 1er versement a été fait à 30 ans ;
109 46   s'il a eu lieu à 40 ans ;
 69 27   s'il a eu lieu à 45 ans ;
 39 36   si le déposant n'a commencé à verser qu'à l'âge de 50 ans.

2me Cas. En supposant un versement annuel de 30 francs, les autres conditions restant les mêmes, la rente viagère s'augmenterait d'un cinquième des sommes ci-dessus, et deviendrait de

569 f. » c. pr un cantr qui aurait eu 20 ans au 1er versem.
286 27   »   30 ans   »
131 35   »   40 ans   »
 83 12   »   45 ans   »
 47 23   »   50 ans   »

. Les cantonniers attachés au service vicinal sont, en général, âgés de plus de 30 ans ; ainsi, il n'y a pas lieu de compter que les pensions auxquelles ils auraient droit à 60 ans atteignissent le chiffre maximum établi ci-dessus pour l'un et l'autre cas. Elles ne dépasseraient même que très-rarement la moitié du salaire annuel de chacun d'eux. Cependant, il serait toujours loisible à un cantonnier économe d'augmenter cette pension par des versements faits en dehors de la retenue ordinaire et obligatoire. Au surplus, si ma proposition est admise, je soumettrai à l'approbation de l'autorité supérieure un règlement à ce sujet. Je considère, d'ailleurs, cette mesure non-seulement comme un acte de prévoyance dans l'intérêt des cantonniers, mais encore comme un acte de bonne administration qui aura l'immense avantage de moraliser ces ouvriers, et de les attacher de plus en plus à leurs devoirs et au Gouvernement qui a pris l'initiative d'une institution aussi précieuse pour la vieillesse.

Ne serait-il pas convenable aussi de créer une caisse de retraites en faveur des agents-voyers ou plutôt de les assimiler aux employés de la Préfecture, et de les admettre, ainsi que cela s'est déjà fait dans un grand nombre de départements, à participer au bénéfice de la caisse de retraites établie au profit de ces employés? Ils consacrent, comme ceux-ci, tout leur temps et toutes leurs facultés au service de l'Administration départementale, et quoique personnellement intéressé à une semblable mesure, je crois pouvoir me permettre de dire qu'elle ne serait qu'un acte de juste rémunération de leurs services. Mais qu'on crée une caisse spéciale, ou qu'on les admette à prendre part à celle des employés de la Préfecture, je sens que cette disposition ne peut avoir lieu qu'à la condition de la formation d'un fonds en numéraire destiné à représenter les retenues qui auraient été exercées sur leurs traitements depuis la création de leurs emplois, c'est-à-dire depuis environ douze ans. Les assujettir à versèr à la caisse de retraites le montant de ces retenues et des intérêts cumulés qu'elles auraient dû pro-

duire, ce serait leur imposer une charge trop onéreuse, car elle équivaudrait aux neuf dixièmes du traitement pour ceux de ces agents qui sont entrés en fonctions dès le 1er janvier 1842, immédiatement après l'organisation définitive du personnel. Aucun de nos agents-voyers ne serait en position de subir une semblable retenue. Il est donc indispensable que le département leur vienne en aide dans cette circonstance et qu'il fasse pour eux ce qu'il a fait dans le temps pour les employés de la Préfecture, c'est-à-dire qu'il crée le fonds nécessaire pour représenter les services antérieurs. Je n'ai pas établi le décompte exact des retenues et des intérêts à représenter; mais je crois pouvoir certifier dès à présent, d'après un calcul moyen, qu'il ne dépasserait pas 15,000 fr. En déduisant de là le montant du douzième de leurs traitements actuels dont les agents-voyers supporteraient la retenue immédiate, soit. . . . . 3,383 f. 33 c.
ainsi qu'une somme de 2,116 67
qu'on pourrait prélever sur les fonds disponibles des cotisations municipales affectées
aux mêmes traitements, soit un total de . . 5,500   »
le Conseil général n'aurait plus qu'à voter sur
les fonds départementaux un crédit de . . 9,500   »
pour compléter la somme nécessaire . . . 15,000   »

Au surplus, il ne serait peut-être pas nécessaire que ce crédit fût voté en une seule année; il pourrait être scindé en deux ou plusieurs crédits partiels. D'ici à la session du Conseil général, j'établirai exactement le calcul des retenues. Je supplie M. le conseiller d'Etat de vouloir bien prendre cette proposition en considération, et de la faire agréer par MM. les Membres du Conseil général, dont les bonnes dispositions et la bienveillance en faveur des agents-voyers se sont déjà manifestées plusieurs fois, et qui n'hésiteront probablement pas à ajouter cette nouvelle faveur à celles dont ils ont déjà comblé le personnel du service vicinal.

Après cet exposé général de la situation du service, je vais rendre un compte particulier de chaque chemin de grande communication, et des principaux chemins des catégories inférieures. Pour compléter ce travail, j'y ajouterai un tableau statistique des lignes de grande communication, ainsi que le compte sommaire des dépenses de l'exercice 1852, et l'état de situation des dépenses de l'année courante. Enfin, je terminerai en établissant dans un dernier tableau les prévisions de 1854.

Lignes vicinales de grande communication.

LIGNE VICINALE N° 1, DE BRIGNAIS A CHAMPAGNE,

avec embranchement sur le pont d'Oullins.

La circulation augmente de plus en plus sur ce chemin. Cette circulation n'est point locale, mais elle est produite par le roulage qui arrive du midi jusqu'à Brignais, en suivant la route impériale n° 86, dont la ligne vicinale est le prolongement naturel jusqu'à la route impériale n° 6, sur laquelle elle se termine après avoir traversé, en les reliant entre elles, les routes impériales nos 89 et 7.

Ce chemin est depuis longtemps à l'état d'entretien; cependant, il aurait besoin d'un rechargement général pour mettre la chaussée en rapport avec la circulation, mais on a reculé jusqu'à présent devant la dépense. Lorsque les travaux des autres lignes vicinales seront plus avancés, il sera pris des mesures pour y arriver. D'ailleurs, les communes appelées à son entretien regrettent beaucoup l'emploi de leurs ressources qui profitent plus spécialement au transit du nord au midi; elles prétendent, et ce n'est pas sans quelque raison, que l'entretien de cette voie de communication devrait être mis à la charge de l'État.

Le pavé qui a été établi à sa naissance, et qui était tombé en mauvais état, vient d'être refait. Sauf les dégradations qui se produisent quelquefois sous le poids d'une circulation trop forte pour un chemin vicinal, la chaussée est en bon état jusqu'à la route impériale n° 7; cet état se prolonge même jusqu'à la route impériale n° 6, c'est à dire jusqu'au point où elle se termine. Un élargissement serait, toutefois, utile vis-à-vis de la propriété de Mme Authouart, à Écully; en résumé, cette ligne est à l'état d'entretien.

LIGNE VICINALE N° 2, DE GIVORS A CHAZELLES,

avec embranchement sur la Roussillère.

La traversée de la rivière de Gier constitue toujours une lacune sur la ligne vicinale n° 2, car le roulage suit presque exclusivement le passage par le gravier au lieu d'aller passer sur la rive gauche du canal. La construction du pont projeté devenait donc maintenant indispensable, et la commune de Givors a fait un vote de 15,000 fr. pour y être affecté. Une souscription volontaire se recueille aussi dans le même but. L'établissement de ce pont qui paraissait devoir être ajournée jusqu'après la fixation du tracé de la route impériale qui doit passer près de là, est donc maintenant devenu urgent. Des mesures sont prises dans ce but; mais les hautes eaux du Gier n'auraient pas encore pu permettre le commencement des travaux.

Depuis le Gier jusqu'à Bellevue, partie très-fréquentée par le roulage, le chemin est à l'état d'entretien.

Au territoire de Saint-Maurice, il existe encore des parties qui n'ont reçu qu'un premier empierrement. La mauvaise nature des matériaux qui y ont été employés nécessite un second empierrement complet, pour que le chemin acquière un degré de dureté suffisant pour résister pendant la mauvaise saison. On s'occupe activement d'arriver à ce but; le retard ne peut être attribué qu'à la difficulté de se procurer de bons matériaux.

Il reste encore quelques parties, au terriroire de Saint-Didier, qui n'ont pas reçu un empierrement complet; néanmoins le chemin est bien viable.

Toute l'étendue qui vient ensuite jusqu'à Saint-Symphorien est en assez bon état; on complète les empierrements successivement.

La traverse de Saint-Symphorien, pour reprendre la direction de Chazelles ne présentera un bon état de viabilité qu'après le reculement de plusieurs maisons, et ce n'est que successivement qu'on pourra obtenir ces reculements ; il y a donc encore quelques années à attendre avant de pouvoir arriver à cet état.

L'ouverture de la lacune nouvellement classée entre Saint-Symphorien et Chazelles est achevée. On s'occupera, dès cette année, d'empierrer les plus mauvaises parties, afin d'y rendre la circulation facile.

L'embranchement de St-Maurice à la Roussillière a, après beaucoup de difficultés, été amené à l'état d'entretien.

LIGNE VICINALE Nº 3, DE THIZY A CHAUFFAILLES.

Cette ligne est depuis longtemps à l'état d'entretien ; elle a un peu souffert dans ces derniers temps, mais des mesures sont prises pour la ramener à un bon état.

La circulation y est, d'ailleurs, très-forte.

LIGNE VICINALE Nº 4, DE SAINTE-FOY A TARARE.

L'état de cette ligne continue d'être satisfaisant dans toute son étendue ; seulement une partie de la traverse du bourg de Saint-Laurent-de-Chamousset présente un mauvais passage. Son amélioration exige certaines dispositions qui ne pourront être prises qu'avec le concours de la commune.

LIGNE VICINALE Nº 5, DE BEAUREGARD A AIGUEPERSE,

avec embranchement sur la Clayette et sur Matour.

Toutes les parties de cette ligne présentent un bon état de viabilité ; elle est d'ailleurs à l'état complet d'entretien, si ce n'est sur quelques points, vers l'extrémité du département, où le sol granitique résiste à la circulation qui a lieu sans aucun inconvénient.

L'établissement du chemin de fer qui coupe cette ligne entre Beauregard et la route impériale nº 6, occasionnera, pour un passage à niveau, quelques déblais qui détruiront sur ce point le bon système des pentes. Le même établissement fait subir une déviation à cette ligne pour passer en tunnel sous les rails. Par ce fait, la ligne droite qui existait à partir de la route impériale n° 6 a été détruite, et les pentes et rampes ont été augmentées à l'abord du tunnel qui réduit aussi la largeur de la voie à 5 mètres.

L'importance de cette ligne demeure toujours paralysée dans les parties qui avoisinent les limites du département, par la lenteur que met le département de Saône-et-Loire, à faire disparaître quelques misérables lacunes qui barrent le passage, surtout dans la direction de la Clayette. Il est cependant question d'en finir en ouvrant le chemin qui tend de Matour à la Clayette et qui aboutit au même point que la ligne vicinale n° 5, à la limite des deux départements. Cette circonstance nous donnerait ainsi le débouché que nous avons vainement sollicité du département de Saône-et-Loire, depuis six ou sept ans.

LIGNE VICINALE N° 6, DE SAINT-BERNARD A L'ARBRESLE.

On est enfin arrivé à amener la partie du chemin située entre l'Arbresle et le pont de Dorieux, dans un état de parfaite viabilité, malgré le fort roulage qu'elle supporte; les dispositions qui ont été prises pour son entretien, et surtout le changement de nature des matériaux, assurent une bonne viabilité pour l'avenir.

La partie située le long de la rivière d'Azergues, au territoire de Lozanne, avait été fortement endommagée par les eaux de juin 1852; le chemin avait même été coupé et était menacé de plus grands dégâts encore. Avec l'aide d'un propriétaire, qui a contribué largement à l'établissement d'une forte digue, les dégâts ont été réparés convenablement. La chaussée a néanmoins besoin d'être encore élevée dans toute l'étendue située le long de la rivière, pour être rendue insubmersible dans les grandes crues.

Au delà de cette partie, le chemin est en bon état de viabilité jusqu'à sa jonction avec la route départementale n° 3.

Il sera aussi traversé par le chemin de fer entre Anse et la Saône. Le passage aura lieu au niveau des rails.

Des dispositions ont enfin été prises pour la construction de la levée aux abords du pont Saint-Bernard, dont le projet était ajourné depuis longtemps. Une compagnie syndicale instituée pour l'établissement de digues destinées à empêcher l'inondation des prairies d'Anse, à certaines époques de l'année, avait une dépense assez considérable pour endiguer précisément la partie où doit être établie la levée, et cette commission a consenti à acquérir les terrains à ses frais, et à donner, en outre, 4,000 fr. pour l'établissement de cette levée qui remplacera d'ailleurs la digue. Le concessionnaire du pont de Saint-Bernard a aussi souscrit pour une somme de 4,000 fr.; 1,500 ont été mis à la charge de la commune d'Anse, et il restera pour compléter les 13,500 fr., auxquels s'élève le projet, une somme de 4,000 fr., à prélever sur les fonds de subvention départementale.

L'adjudication des travaux de cette levée a été passée, mais l'entrepreneur n'a pas encore pu mettre la main à l'œuvre en raison des fortes eaux.

LIGNE VICINALE N° 7, DE CHARBONNIÈRES A VILLECHENÈVE.

Parcourue maintenant par des voitures publiques, la première partie de la ligne vicinale n° 7, comprise entre les Trois-Renards et Sain-Bel, est à l'état d'entretien ; la circulation y est bien établie.

Le pont de Sain-Bel avait été fortement compromis par les avaries que lui avaient causées les eaux torrentielles du mois de juin 1852. Avec beaucoup de soin, on a pu, malgré les pluies constantes de l'année, réparer ces avaries, et le pont présente maintenant beaucoup plus de solidité qu'avant, au moyen du pilotage qui a été fait en amont de la pile.

Tout le surplus du chemin situé entre Sain-Bel et la ligne vicinale n° 4, est en bon état de viabilité; un empierrement complet existe partout, si ce n'est sur quelques points au territoire de Montrottier, mais la ligne n'en est pas moins dans un état satisfaisant.

Le kilométrage de cette ligne a été fait sur une grande partie de son étendue au moyen de souscriptions volontaires.

LIGNE VICINALE N° 8, D'ANSE A SAINT-ANDRÉ-DE-CORCY.

La construction du chemin de fer a occasionné le déplacement de la ligne vicinale n° 8 dans deux endroits; le premier au territoire de la commune d'Ambérieux, pour établir le passage à niveau des rails, au moyen d'une déviation et de rampes qui s'élèvent jusqu'à 04ᶜ par mètre, et le 2ᵐᵉ au territoire de Curis, où la ligne a été rejetée dans le lit de la Saône. Le premier de ces déplacements nuira à la bonne viabilité de cette ligne; la construction du chemin de fer a, en outre, occasionné des dégâts continuels à la chaussée pendant toute la campagne; aussi a-t-elle été souvent en mauvais état, malgré toutes les précautions qu'on a pu prendre.

La partie située entre Neuville et la limite du département de l'Ain, sur laquelle les entrepreneurs du chemin de fer n'ont pas eu à circuler, est en très-bon état.

LIGNE VICINALE N° 9, DU PONT DE THOISSEY A ROANNE.

Un ancien chemin remplace provisoirement la ligne vicinale n° 9, au territoire de Dracé, et dans la partie comprise entre le pont de Thoissey et la route impériale n⁰ 6. Cet état de choses pourra exister encore longtemps, attendu que les concessionnaires du pont, sur qui l'on avait compté pour l'établissement d'une levée, ne s'en sont point occupés.

Au territoire de Corcelles le chemin est ouvert, mais il laisse encore à désirer sous le rapport de la bonne viabilité qui ne s'acquerra que lorsque les empierrements seront complets.

La traversée des territoires de Villié, Regnié et Durette a été bien améliorée. On pourra s'occuper à l'avenir de compléter les empierrements, et arriver successivement à un bon état de viabilité.

Sauf un petit redressement à faire au bourg de Quincié, l'ouverture du chemin est achevée dans toute l'étendue comprise entre l'Ardière et l'Azergues. La largeur n'est pas partout complétée; mais celle obtenue suffit à la circulation. Une partie de cette étendue est d'ailleurs à l'état d'entretien.

Des réparations assez notables ont été faites entre l'Azergues et le Reins, et cette partie de la ligne sera bientôt en bon état.

Celle comprise entre le Reins et la limite du département est à l'état d'entretien.

LIGNE VICINALE N⁰ 10, D'AMPLEPUIS AUX ÉCHARMEAUX.

La partie comprise entre la naissance de la ligne et la route départementale n⁰ 5, pourra bientôt être amenée à l'état d'entretien. L'entreprise du pont sur la rivière de Reins a été passée et les travaux sont en cours d'exécution, ce qui permettra de compléter la viabilité.

Il ne reste plus que quelques élargissements à faire dans toute la partie comprise entre la route départementale n⁰ 5 et les Echarmeaux. Mais la largeur actuelle ne gêne pas la circulation qui y est cependant assez active. Les élargissements sont exécutés successivement chaque année, pour ne pas occasionner une trop grande dépense. Le chemin présente, du reste, un assez bon état de viabilité.

LIGNE VICINALE Nº 11, DE CRAPONNE A SAINT-SYMPHORIEN.

Amenée depuis longtemps à l'état d'entretien, la partie comprise entre la route impériale nº 89 et la maison Rat, continue de présenter un bon état de viabilité. Elle est toujours très-fréquentée.

Malgré les travaux assez importants qui s'exécutent chaque année au delà de Thurins, la ligne est loin encore d'être à l'état d'entretien ; la viabilité a dû beaucoup souffrir des pluies continuelles de cette année. Néanmoins les services de voitures qui vont de Lyon à St-Martin-en-Haut, n'ont pas été interrompus.

Des travaux coutinueront d'y être faits, et j'espère que prochainement elle sera notablement améliorée.

Complétée à peine, l'ouverture de la partie située entre St-Martin et St-Symphorien a été en mauvais état sur quelques points pendant le printemps. Cela ce conçoit : aussitôt que l'ouverture est faite, et sans attendre même que les terrassements soient achevés, la circulation s'y porte ; il est impossible, dès-lors, d'y entretenir une bonne viabilité dans les temps d'humidité.

Les empierrements sont commencés, et j'espère qu'avant peu cette situation s'améliorera notablement.

LIGNE VICINALE Nº 12, DE LYON A GIVORS.

Un bon état d'entretien se fait remarquer sur cette ligne jusqu'au delà de Vernaison. Il reste ensuite une rectification à faire pour la suppression de plusieurs courbes brusques avant d'arriver au territoire de Millery.

La construction définitive du chemin au territoire de Millery, qui doit demeurer en grande partie à la charge de la compagnie du chemin de fer de St-Etienne à Lyon , ne deviendra urgente que lorsque la commune de Grigny aura pris des mesures pour rectifier la traverse de son bourg. Cette dernière commune parait s'occuper de ces mesures, et dejà elle a traité avec presque tous les propriétaires des terrains à occuper.

Il restera encore pour terminer la ligne , l'établissement d'un pont sur le Garon.

LIGNE VICINALE N° 13, DES PONTS-TARRETS A ROANNE.

Cette ligne est livrée à la circulation dans toute son étendue ; elle est même à l'état d'entretien sur une grande partie de son parcours; les parties qui n'y sont point encore arrivées ont reçu au moins un premier empierrement.

On s'occupera maintenant de terminer successivement les élargissements et les empierrements ; en attendant la viabilité est satisfaisante.

LIGNE VICINALE N° 14, DE TARARE A VIOLAY.

La petite rectification que réclame encore cette ligne à sa naissance sur la route impériale n° 7, et sur une longueur de 150 mètres, demeure toujours ajournée, car on peut se servir en attendant de l'ancien chemin et du pont construit sur la Turdine. A part cette courte étendue, la ligne est à l'état d'entretien et présente une bonne viabilité sur tout son parcours.

LIGNE VICINALE N° 15, DE VIENNE A RIVE-DE-GIER,

avec deux embranchements.

Sans être complétement achevée, surtout sous le rapport des empierrements, la ligne vicinale n° 15, présente un assez bon état de viabilité depuis sa naissance à la culée droite du pont de Sainte-Colombe jusqu'au Recrut où l'embranchement d'Ampuis rejoint la ligne principale.

A partir du Recrut, les empierrements se continuent chaque année dans la direction du Pilon, où se réunit encore l'embranchement de Condrieu.

Entre le Pilon et la route impériale nᵒ 88, la circulation est beaucoup plus forte, puisqu'elle provient de la ligne principale et de ses deux embranchements. Aussi ce n'est que lorsque cette étendue sera partout empierrée avec de bons matériaux qu'une bonne viabilité sera assurée ; mais elle est encore assez mauvaise sur plusieurs points.

L'embranchement sur Condrieu a été bien amélioré, et il est en bon état sur une grande partie de son développement; mais il reste aussi plusieurs parties à empierrer.

Celui d'Ampuis présente une viabilité assez satisfaisante ; une lacune existe toujours à sa naissance sur la route impériale nᵒ 86, mais elle est remplacée par le raccordement qui a été établi à cet effet.

LIGNE VICINALE Nᵒ 16, DE CHAZAY A NEUVILLE.

Si ce n'est l'écrêtement que nécessite une rampe à l'entrée du bourg de Marcilly, la ligne vicinale nᵒ 16 peut être considérée comme à l'état d'entretien dans toute son étendue.

Pour le passage du chemin de fer qui traverse la ligne presqu'à son extrémité, il sera opéré une légère déviation pour faire passer le chemin en tunnel sous les rails. Cette disposition est de beaucoup préférable à celle qui avait été projetée d'abord et qui consistait à l'élever au moyen de forts remblais et de fortes pentes au niveau de ces rails.

La rectification du bourg de Saint-Germain est terminée et livrée à la circulation.

LIGNE VICINALE Nᵒ 17, DE TREMBLY AU PORT-JEAN-GRAS.

En entrant sur le territoire du Rhône, au lieu de Diane, cette ligne n'a pas encore été complétement empierrée dans la traverse des communes de St-Jacques-des-Arrets et de Cenves ; néanmoins elle est assez en bon état. Il en est de même sur la commune de Jullié, où cependant une grande partie est à l'état d'entretien. Sur Julliénas, il ne reste plus à compléter l'empierrement que sur 400ᵐ d'étendue, où l'ancien chemin qui servait provisoirement à la circulation vient d'être redressé et remblayé. Elle est en assez bon état sur toute son étendue.

Un nouveau tracé vient d'être étudié par l'Administration vicinale du département de Saône-et-Loire. Il est bien à désirer qu'on se décide enfin à mettre un terme au long retard que ce département apporte à prolonger notre ligne jusqu'à la route impériale nᵒ 6.

LIGNE VICINALE Nᵒ 18, DE BELLEVILLE A TRAMAYES.

La partie située entre Belleville et la route impériale nᵒ 6, a souffert beaucoup des transports des matériaux destinés à la construction du chemin de fer; elle est depuis quelque temps en assez mauvais état. La ligne traversera le chemin de fer au niveau des rails à peu de distance de la route impériale nᵒ 6.

A partir du chemin de fer, le chemin présente une assez bonne viabilité jusqu'au bourg de Villié.

Des travaux en voie d'exécution font disparaître en ce moment la seule lacune qui existait entre le bourg de Villié et le Vermont. Les terrassements sont sur le point d'être achevés.

Les empierrements se continuent, et en attendant qu'ils s'achèvent, la ligne présente une viabilité passable.

LIGNE VICINALE Nᵒ 19, DE CHESSY A RIVOLLET

avec embranchement sur Liergues.

Des travaux en cours d'exécution feront disparaître la lacune de Boitiers, au territoire de Theizé, et on peut, dès à présent, considérer la ligne comme étant à l'état d'entretien depuis son origine, à Chessy, jusqu'au bourg de Ville. Il ne reste que quelques améliorations qu'on obtiendra successivement, mais dont le retard d'exécution ne sera pas un obstacle pour la circulation.

Il en est de même de l'embranchement sur Liergues, au territoire des communes de Ville-sur-Jarnioux, Pouilly-le-Monial et Liergues.

Mais le prolongement de Ville à Cogny demeure toujours en lacune. Plusieurs tracés ont été étudiés et soumis aux formalités, mais ils ont soulevé des contestations qui n'ont pu être terminées jusqu'à présent. D'un autre côté, l'Administration municipale de Cogny, qui n'a jamais montré beaucoup de zèle pour l'amélioration de la vicinalité, n'a fait aucun effort pour réaliser les ressources indispensables pour faire face à la dépense considérable qu'occasionnera l'ouverture dans la traversée de son territoire. Dès-lors, il n'y a aucune nécessité de presser le choix du tracé.

Au delà de Regny, le chemin a été amené à l'état d'entretien.

LIGNE VICINALE N° 20, DE SAINT-CYR AU PORT-RIVIÈRE,

avec trois embranchements.

On peut considérer cette ligne comme à l'état d'entretien dans toute son étendue, car les quelques parties où elle n'a pas atteint toute sa largeur n'en sont pas moins à l'état de viabilité et la circulation n'a point à en souffrir. D'ailleurs, les élargissements s'opèrent successivement.

La construction du chemin de fer a été combinée de manière à faire passer la ligne au niveau des rails, au moyen de rampes assez fortes, mais que MM. les ingénieurs de la compagnie ont promis de réduire, surtout du côté ouest.

Les entrepreneurs du chemin de fer ont, du reste, fortement détérioré une partie de cette ligne par le transport de leurs matériaux.

On n'a pas encore pu réparer les dégâts occasionnés par les eaux diluviennes de juin 1852 ; des mesures seront prochainement prises à cet effet.

LIGNE VICINALE N° 21, DE VAISE A SAINT-CYR.

Les parties pavées de cette ligne sont un peu dures pour la circulation, d'autant plus que le pavage qui fut fait au moment de la construction de la ligne a subi quelques détériorations.

Sur le territoire de Saint-Cyr il manque de la largeur au chemin, et cette largeur, qui ne peut guère s'acquérir que successivement, serait cependant nécessaire en raison des nombreux chargements provenant des carrières. Malgré les subventions qui sont imposées chaque année aux exploitants, on a de la peine à tenir le chemin à l'état de viabilité.

LIGNE VICINALE N° 22, DE MONSOLS A CLUNY.

Chaque année, on complète la viabilité de cette ligne, et elle sera bientôt arrivée à l'état complet d'entretien. Jusqu'à la limite du département de Saône-et-Loire, elle est bien viable.

Après cinq ou six ans d'attente, le département de Saône-et-Loire s'est cependant décidé à rendre le passage praticable par un ancien chemin, sur 6 ou 700 mètres d'étendue, en attendant l'ouverture de la nouvelle voie qui fera déboucher la ligne sur un chemin vicinal de grande communication de ce département.

LIGNE VICINALE N° 23, DE LAMURE A SAINT-MAMERT.

Successivement cette ligne reçoit des améliorations dans la partie comprise entre le Pont-Gaillard où elle prend son origine et la route départementale n° 4, et, sous peu, elle sera complétement ,achevée; en attendant elle est bien viable.

Il n'en est pas de même de la partie comprise entre Chenelette et l'Orme-de-Crie, où les lenteurs des formalités de l'expropriation provoquée depuis longtemps ont retardé jusqu'ici l'ouverture sur quelques centaines de mètres seulement.

La partie comprise entre l'Orme-de-Crie et le Razay où se termine la ligne, est en assez bon état de viabilité. L'empierrement n'a eu lieu que sur quelques parties; mais la nature du sol permet de circuler sans inconvénient.

LIGNE VICINALE N° 24, DE LYON A PANISSIÈRES.

Depuis son origne, sur la route impériale n° 89, jusqu'à la route départementale n° 3, cette ligne a reçu partout au moins un premier empierrement et présente un bon état de viabilité. Au delà de ce point, elle est à l'état d'entretien jusqu'à celui où elle se termine sur la ligne vicinale n° 7.

LIGNE VICINALE N° 25, D'YZERON AU PONT-D'ANZIEUX.

Une entreprise en cours d'exécution complètera l'ouverture de la première partie de cette ligne qui est destinée à servir de rectification à la route impériale n° 89, entre Yzeron et Sainte-Foy. Cette partie pourra être livrée prochainement à la circulation en attendant son achèvement.

L'ouverture de la deuxième partie comprise entre Sainte-Foy et la limite dn département est complétement achevée; mais les empierrements seront très-dispendieux, soit en raison de la rareté des matériaux qu'on est obligé d'allēr chercher à une grande distance, soit en raison de la nature du sol qui absorbera une grande quantité de ces matériaux. Une entreprise a été donnée pour les commencer dès cette année.

Comme on le sait, cette partie de ligne est destinée à servir de prolongement à la route départementale n° 3, dans la direction de Saint-Etienne , et elle aura une grande importance ; aussi la construit-on avec de bonnes conditions.

LIGNE VICINALE N° 26, DE BEAUJEU A MACON.

Malgré tous les débats qui ont précédé la fixation du tracé de la ligne vicinale n° 26, à l'abord de Beaujeu, et qui ont mis l'administration à même d'apprécier, en toute connaissance de causes, le mérite et les inconvénients de chacun des tracés qui étaient en présence , les partisans de celui qui, par des motifs très-justes , n'a pas obtenu la préférence, ont employé tous les moyens pour faire revenir l'administration de sa décision. Ils se sont adressés à différentes reprises à M. le Ministre de l'intérieur, qui, après un examen de la question, l'a trouvée bien jugée, et a rejeté définitivement leurs demandes.

Toutes ces circonstances et l'influence qui a été exercée sur les propriétaires des parcelles à occuper, nous ont obligés de recourir aux formalités de l'expropriation pour prendre possession de ces parcelles, en sorte que l'ouverture n'a pas encore pu être entreprise.

Au delà, les travaux se continuent, et après l'achèvement d'une entreprise en cours d'exécution , il sera possible de circuler sur toute la ligne. Toutefois, elle sera loin encore d'être achevée.

LIGNE VICINALE N° 27, DE PONTCHARRA A VILLECHENÈVE.

Les dégâts qui ont été faits à la ligne vicinale n° 27, au mois de juin 1852, n'ont pas encore pu être réparés à cause des crues multipliées de la rivière de Torranchin le long de laquelle les travaux doivent être exécutés. Au surplus , s'ils avaient été entrepris, ils auraient été détruits par les nouvelles crues. On est obligé d'attendre un moment plus favorable.

Les travaux se continuent sur les autres points au moyen

de l'emploi des prestations en nature. La lacune qui existe encore au territoire de Villechenève sera prochainement entamée par ce même moyen.

LIGNE VICINALE N° 28, DE RIVE-DE-GIER A CHAVANAY.

La seule lacune d'un kilomètre environ qui existe près de la Clochetière où se termine cette ligne, va être entreprise. Partout ailleurs la circulation est établie, quoique les empierrements qui s'opèrent successivement ne soient pas encore terminés.

LIGNE VICINALE N° 29, DE LA GUILLOTIÈRE A CRÉMIEUX.

Cette ligne située aux abords de la ville de Lyon, a été l'objet de quelques travaux d'amélioration et elle est à l'état d'entretien. Cependant, comme elle est extrêmement fréquentée et parcourue journellement par les omnibus, il conviendra de l'améliorer encore. Dans ce but, un projet a été préparé pour faire disparaître la rampe de la rue d'Enfer, un autre pour le redressement des courbes à l'abord du fort de Villeurbanne, un troisième pour l'assainissement de la partie qui avoisine le chemin des Pins, etc.

La partie située au territoire des communes de Villeurbanne, Bron et Vaulx-en-Velin présente un état de viabilité parfaite.

Chemins vicinaux de moyenne communication.

Parmi les quarante chemins qui viennent à la suite des lignes vicinales de grande communication par leur importance, et qui sont destinés à desservir un certain nombre de communes, plusieurs ont reçu une impulsion marquée depuis l'année dernière. L'accomplissement des formalités préalables a retardé l'exécution de quelques-uns; enfin voici sommairement leur situation.

1° CHEMIN DU PONT DE LOZANNE A LA CHICOTIÈRE.

Dans la dernière session, le conseil général a émis le vœu que les formalités concernant le classement de ce chemin parmi les lignes vicinales de grande communication fussent remplies, et ce n'est qu'après ce classement que l'exécution des travaux pourra être entreprise.

Ce chemin n'intéresse réellement pas assez les localités qu'il traverse pour espérer qu'elles en fassent les frais; une semblable dépense leur est impossible. Il est destiné à faire suite à la route départementale nº 7, et peut-être servira-t-il de rectification à la route impériale nº 7. Il serait donc essentiel qu'en prononçant son classement, le Conseil général y affectât sur les centimes facultatifs, un crédit convenable qui serait alloué en moins aux routes départementales.

Au surplus, une souscription volontaire, dont le montant dépasse déjà 10,000 francs, a été recueillie pour venir en aide à la réalisation du projet.

2° CHEMIN DE LA TOUR A RIVE-DE-GIER.

Le tracé de ce chemin a été fixé; on s'occupe activement de préparer les plans et projets de détail. Déjà ils sont approuvés ou soumis à l'approbation, en ce qui concerne plusieurs communes; une entreprise va être donnée pour l'ouverture de toute la partie située au territoire des communes de St-Laurent-d'Agny et d'Orliénas. Enfin, les travaux seront entrepris sur plusieurs points d'ici à la fin de l'année courante,

3° CHEMIN DE THIZY A CHARLIEU.

L'ouverture a été complétée et les empierrements faits sur les points nécessiteux; en sorte que le chemin présente une bonne viabilité depuis la ligne vicinale nº 9 où il prend naissance jusqu'à la limite du département de la Loire.

Le chemin dont il s'agit est destiné à mettre Thizy et Charlieu en communication par la voie la plus directe ; mais à cet effet, le département de la Loire aura à continuer l'ouverture sur son territoire; cette ouverture avait même été commencée dès 1845, et c'est cette disposition qui nous a amenés à entreprendre la partie située sur le Rhône. Mais il semble maintenant que par d'autres combinaisons, l'administration du département de la Loire serait disposée à suivre une autre direction pour une communication entre Charlieu et Thizy. Il serait cependant fâcheux, qu'après avoir provoqué les travaux que nous avons exécutés, on les rendît ainsi sans effet. Il faut espérer que cette administration reviendra de cette détermination, en reprenant l'exécution de son projet primitif.

4° CHEMIN DE LA CROIX-ROUSSE A FONTAINES PAR CALUIRE.

L'avant-projet qui avait été préparé pour fixer le tracé d'une rectification indispensable n'a pas encore été approuvé. En attendant, la partie située au territoire de Caluire, et qui est la plus étendue, a été amenée à l'état de parfaite viabilité.

5° CHEMIN DES ECHARMEAUX A LA CLAYETTE.

Mieux disposée pour les améliorations vicinales que celle qui l'a précédée, l'administration municipale de Propières a fait améliorer le chemin à partir des Echarmeaux jusqu'au bourg de Propières, et terminer l'ouverture entre le bourg et la limite de Saint-Igny-de-Vers, et bien que les travaux soient inachevés dans cette dernière partie, la voie a déjà été livrée à la circulation.

La commune de Saint-Igny-de-Vers continue aussi l'ouverture sur son territoire, et vers la fin de l'année, il est probable qu'on pourra circuler depuis les Echarmeaux jusqu'au Sauzay, d'où il ne restera plus qu'une petite lacune pour arriver sur la ligne vicinale n° 5.

6° CHEMIN DE SAINT-JUST A L'ÉTOILE D'ALAÏ.

Ce chemin est en bon état de viabilité, et son importance déjà grande augmenterait considérablement si, comme il en est question, on établissait un chemin praticable de Saint-Just à Lyon.

7° CHEMIN DE RANCHAL A CHARLIEU PAR COURS.

Peu de ressources peuvent être affectées au chemin de Ranchal à Cours ; aussi sa viabilité laisse-t-elle beaucoup à désirer, principalement au territoire de Thel où la commune ne fait pas d'efforts pour l'améliorer.

8° CHEMIN DE GIVORS A LA CLOCHETIÈRE.

A la suite de la partie que la commune de Givors a fait construire à la naissance du chemin, sur environ un kilomètre, il reste une lacune pour arriver à la limite du territoire de cette commune, mais l'ouverture a été reprise sur les communes de Loire et d'Echallas, et elle se poursuit activement au moyen de souscriptions volontaires. Elle sera bientôt achevée jusqu'à la Croix-Régis, et sur l'étendue de près de 7 kilomètres.

Après avoir emprunté la ligne vicinale n° 15 jusqu'au Pilon, le chemin se dirige sur la Clochetière. Cette partie a aussi été ouverte à neuf. Ensuite il se prolonge sur le département de la Loire dans la direction de Pélussin, par la Chapelle, Chuyers, etc., en servant de débouché à ces localités.

9° CHEMIN DE VAUX A CLAVEISOLLES.

Ce chemin est toujours en bon état au territoire de Vaux, mais son ouverture va plus lentement au territoire de Claveisolles. Cependant il a été construit plusieurs ponceaux et aqueducs pendant l'exercice courant.

10° CHEMIN DE BRIGNAIS A THURINS.

La partie comprise entre Brignais et le bourg de Souciea

présente maintenant une bonne viabilité et quelques empierrements complèteront son état d'entretien.

Les travaux ont été entrepris eutre le bourg et la limite
de Thurins, et sont poussés activement. La commune de Thurins prendra prochainement des mesures pour la continuer
sur son territoire.

11° CHEMIN DU BANCILLON A COURS.

Toujours en lacune au territoire de Saint-Jean-la-Bussière,
l'ouverture n'a pris que peu de développement entre la limite de Saint-Jean et la Chapelle.

Au delà de la Chapelle, une rectification de tracé a été de-
mandée et étudiée pour rejoindre la partie déjà ouverte et
arriver sur la ligne n° 9.

Ensuite la ligne est ouverte jusqu'au bourg de Mardore;
puis le projet a été arrêté pour arriver à Cours.

12° CHEMIN DE MONTROTTIER A FEURS.

L'ouverture de ce chemin a été continuée du bourg de Lon-
gessaignes à la limite de Chambost; mais cette dernière commune, quoique la plus intéressée à cette voie de communication, oppose un mauvais vouloir déplorable à l'exécution des
travaux.

13° CHEMIN DE VILLEFRANCHE A TERNAND.

Le chemin vicinal n° 1. de Gleizé qui est en bon état, forme
la naissance de cette ligne; la partie située entre la limite de
Gleizé et la Croix du Saule-d'Oingt n'a pas encore été entreprise.
Du Saule-d'Oingt au bourg de Sainte-Paule, le chemin a été
rendu, sinon achevé, au moins viable, et l'ouverture se continue pour arriver à Ronzières, où le chemin est ouvert et bien
viable jusqu'à la route départementale n° 7.

14° CHEMIN DE GIVORS A DUERNE.

Des dispositions sont prises pour mettre enfin à exécution

le projet depuis longtemps étudié pour l'ouverture de ce chemin, dans la partie comprise entre la Forestière où il prend naissance sur la ligne vicinale nº 2 et le Logis-Neuf, et j'ai lieu de penser qu'au moyen des souscriptions volontaires qu'on recueille à cet effet, cette ouverture pourra être entreprise dès cette année.

Le chemin de Logis-Neuf à Mornant est provisoirement suivi par cette ligne jusqu'au bourg de Mornant, et au delà ; le chemin est en bon état jusqu'au bourg de Chaussan.

L'ouverture a été entreprise à partir du bourg de Chaussan, dans la direction des limites de cette commune ; mais rien ne fait prévoir l'époque où elle pourra être faite au territoire de Rontalon et de Saint-Martin-en-Haut, attendu surtout que les communes ont besoin de toutes leurs ressources pour d'autres chemins qui les intéressent davantage.

15º CHEMIN DE MATOUR A CHAUFFAILLES.

L'hésitation que met le département de Saône-et-Loire à adopter le tracé dans les deux extrémités de ce chemin qui se trouvent sur son territoire, rend l'exécution sur le Rhône moins urgente. Aussi les travaux ne sont-ils pas encore entrepris.

16º CHEMIN DE LA GIRAUDIÈRE A LA MAISON-BLANCHE.

Malgré les difficultés qu'ont occasionnées les crues constantes de la rivière de Brevenne, pendant 1852, la construction du pont de la Giraudière a été menée à bonne fin, et la circulation y est maintenant établie.

Cette construction a dû absorber une partie des ressources, et il n'a pas été fait beaucoup de travaux sur le chemin où plusieurs longues lacunes existent encore au territoire de Courzieux.

Sur la commune de Vaugneray, il ne reste plus que quelques travaux à faire pour achever l'ouverture.

17° CHEMIN DU PONT DE THOISSEY A OUROUX.

Nous avons pensé qu'il convenait de donner ce titre à différents tronçons qui relient en effet ces deux points extrêmes.

Le premier est à l'état d'entretien ; le deuxième qui va joindre l'embarcadère du chemin de fer a été ouvert récemment et sera bientôt à l'état de complète viabilité ; enfin, les travaux ont été entrepris activement pour l'ouverture de la partie comprise au territoire des communes de Vauxrenard et d'Ouroux.

18° CHEMIN DE LA MAISON RAT A SAINT-MARTIN PAR RONTALON.

Il ne reste plus qu'une lacune d'environ 600 mètres pour compléter l'ouverture du chemin sur toute l'étendue comprise entre sa naissance sur la ligne vicinale n° 11, et la Croix-Forez. Une assez grande partie de cette étendue est à l'état d'entretien.

19° CHEMIN DE VILLEFRANCHE A SAINT-JULIEN.

Les travaux ont été immédiatement entrepris pour mettre à exécution le projet dressé pour le prolongement de ce chemin, entre l'église d'Ouilly et Villefranche, et déjà le pont sur le Nizerand et les remblais de ses abords sont achevés.

Le reste du chemin est en bon état de viabilité jusqu'à Saint-Julien.

20° CHEMIN DE VAISE A LA TOUR PAR DARDILLY.

Depuis longtemps il est question d'une rectification essentielle pour ce chemin et à sa naissance, mais les propriétaires intéressés ne mettant pas assez d'empressement à souscrire pour cette amélioration, elle demeure toujours ajournée.

21° CHEMIN DE RANCHAL AUX QUATRE-VENTS.

Le département de la Loire, sur le territoire duquel est

située la plus grande étendue de ce chemin, vient d'en entreprendre activement l'ouverture. J'espère que cette ouverture s'achèvera d'ici à la fin de la campagne en ce qui concerne la partie située sur le Rhône.

22° CHEMIN DE SAINT-IRÉNÉE A MALATAVERNE.

Rien n'a été fait pour l'amélioration de ce chemin au delà de Francheville, malgré les démarches que j'ai faites à ce sujet.

23° CHEMIN DE CHATILLON A VILLEFRANCHE PAR ALIX.

Aucun travail important n'a été fait sur ce chemin pendant l'exercice 1852. Il reste encore quelques élargissements à faire seulement pour arriver à Alix.

24° CHEMIN DE LA TOUR A NEUVILLE.

Ce chemin, qui aurait une grande importance s'il était achevé, n'est l'objet d'aucun empressement de la part des communes intéressées.

25° CHEMIN DU PONT DE DORIEUX A VILLEFRANCHE PAR CHARNAY.

Les travaux qui avaient été entrepris pour la rectification de ce chemin dès sa naissance, au pont de Dorieux, au territoire de la commune de Belmont sont achevés, et le chemin présente maintenant une bonne viabilité.

26° CHEMIN DE LA GIRAUDIÈRE A HAUTE-RIVOIRE.

Quoique sur des rampes très-fortes, ce chemin est bien viable jusqu'à Saint-Laurent.

27° CHEMIN DE LA BUCHE AU CERGNE.

Une entreprise a été donnée pour l'ouverture complète du chemin du Cergne à la Buche, destiné surtout à relier deux lignes vicinales de grande communication du département de la Loire; les travaux sont en cours d'exécution et pourront être prochainement achevés.

28° CHEMIN DE SAINTE-FOY A SAINT-SYMPHORIEN PAR AVEIZE.

L'ouverture de ce chemin à laquelle a contribué la seule commune d'Aveize, touche à sa fin ; il restera ensuite à opérer les règlements et à faire les empierrements à mesure que le besoin s'en fera sentir. La partie située au delà d'Aveize, n'a pas encore été étudiée.

29° CHEMIN DU FOUR-A-CHAUX DE SAINT-PAUL A OINGT.

L'amélioration commencée au delà du Bois-d'Oingt, sur le territoire des communes de Bois-d'Oingt, Saint-Laurent-d'Oingt et Oingt, a été continuée.

30° CHEMIN DE LA CROIX-DES-OLMES A COUZON.

Ce ne sera que lorsqu'on pourra faire la rectification de la montée de Saint-Romain, que ce chemin pourra être considéré comme une voie de communication viable.

31° CHEMIN DE TARARE A LAMURE PAR VALSONNE.

Sur Tarare, le chemin est un peu pentif, mais il est en assez bon état ; il est à l'état d'entretien dans la traversée des communes de Saint-Clément et Valsonne.

Après avoir emprunté la ligne vicinale n° 13, il doit la quitter vis-à-vis Saint-Appolinaire, et un projet a été étudié pour l'établissement du chemin jusqu'à Saint-Just ; tandis que la commune de Saint-Just pousse activement l'ouverture sur son territoire, celle de Saint-Appolinaire demeure dans l'inaction ; on espère pourtant pouvoir entreprendre les travaux cette année.

Le tracé n'est pas étudié au delà de Saint-Jean dans la direction de Lamure.

32° CHEMIN DU PONT-PENON A SAINT-JULIEN PAR BIBOST.

Entrepris depuis longtemps, le chemin de la Rochette à Bibost éprouvait beaucoup d'entraves pour son achèvement.

Une étude fut faite l'année dernière pour faire dévier la direction et établir le chemin dans la vallée du ruisseau de Penon. Le tracé a été fixé le long de cette vallée et on a immédiatement mis la main à l'œuvre pour en opérer l'ouverture.

33° CHEMIN DE JULLIÉ A TRAMAYES PAR CENVES.

La partie située sur Cenves seulement a été rectifiée avec de bonnes conditions de pentes, mais il y a encore beaucoup de travaux à faire pour achever le terrassement.

34° CHEMIN DE GIVORS A CHASSAGNY.

Le nouveau chemin de Chassagny à Givors est, sinon achevé, au moins assez viable. La construction d'un pont devient urgente pour le passage du ruisseau de Mornantet.

35° CHEMIN D'ANSE A THEIZÉ PAR LA CHASSAGNE.

Le projet des travaux nécessaires pour faire aboutir ce chemin sur la route départementale n$_o$ 6 a été approuvé, et va recevoir son exécution, grâce à l'intervention généreuse d'un propriétaire qui veut bien se charger de presque toute la dépense.

36° CHEMIN DE SAINT-ROMAIN A ÉCHALLAS.

Ce chemin est ouvert, et il ne reste plus qu'à en compléter la viabilité au moyen d'empierrements, mais il n'aura tout son effet que lorsque les travaux de la route impériale commencés le long du Gier permettront de circuler. Jusqu'à cette époque, on est obligé de passer dans la rivière en la longeant.

37° CHEMIN DE PÉPY A DIÈME.

Faute de ressources suffisantes, ce n'est que lentement que l'établissement de ce chemin peut avoir lieu. On tâchera cette année d'arriver à la construction d'un pont sur la rivière de Pépy.

38° CHEMIN DE SAINTE-CATHERINE A LARAJASSE.

Ouverte à neuf, la première partie de ce chemin sera mise en état d'être livrée à la circulation dans cette année, mais il restera encore des élargissements et l'empierrement.

39° CHEMIN DE PONTCHARRA A SAINT-JULIEN.

Des réparations faites l'année dernière ont amené la partie sur Pontcharra à l'état d'entretien. Mais la commune de Saint-Romain-de-Popey ajourné toujours l'exécution du projet qui avait été préparé pour la traversée de cette commune.

40° CHEMIN DE LA DEMI-LUNE A SAINTE-CONSORCE.

Chaque année ce chemin reçoit des améliorations. Il est en assez bon état jusqu'à Saint-Genis surtout.

Chemins vicinaux ordinaires.

Les travaux exécutés et les dépenses faites sur cette catégorie de chemins sont mentionnés ci-après dans l'état des ressources et dépenses communales. Les communes du département, à peu d'exceptions près, ont leur territoire traversé par une ligne vicinale de grande communication, ou au moins un chemin d'intérêt commun. Ce n'est qu'après l'achèvement de ces voies de communication qui doivent servir de tronc principal au réseau de la vicinalité qu'elles peuvent poursuivre activement la restauration des petits chemins. Cependant, bon nombre d'entre elles ont déjà entrepris des améliorations de tout genre, et chaque année s'exécutent des rectifications, des constructions de ponts, ponceaux, etc.

ETAT

des dépenses faites sur les Chemins vicinaux de grande communication

pendant l'exercice 1852.

Désignation des chemins	S. Ch. 26 Art. 1er		S. Ch. 24 Art. 1er §.3	S. Ch. 27 contingents communaux	Total général des dépenses	Observations
	Travaux	indemnité de terrain				
1 de Brignais à Champagne	12402.88	"	"	3976.06	16378.94	
2 de Givors à Chazelles	13280.75	147.47	"	816.70	14244.92	
3 de Thizy à Chauffailles	2315."	"	"	"	2315."	
4 de Ste Foy à Tarare	2709.28	745.31	"	3410.93	6864.42	
5 de Beauregard à Aigueperse	11797.44	24.17	"	.	11821.61	
6 du pont St Bernard à l'Arbresle	5882.03	7.97	"	6382.79	12272.79	
7 de Charbonnières à Villechenève	13331.61	"	"	5708.03	18539.64	
8 d'Anse à St André de Corcy	5316.62	"	"	"	5316.62	
9 du pont de Thoissey à Roanne	12131.77	3104.16	82.88	5015.86	20334.67	
10 d'Amplepuis aux Echarmeaux	5629.36	8.80	"	"	5638.16	
11 de Craponne à St Symphorien	11594.30	1496.25	"	7236.50	20327.05	
à Reporter	96391.04	5528.13	82.88	32046.17	134048.22	

Désignation des chemins	S. Ch. 26 Art 1er		S. Ch. 24 art. 1er §. 3	S. Ch. 27 contingent communx	Total général des Dépenses	Observations
	Travaux	indemnité de terrain				
Reports —	96391.04	5528.13	82.88	32046.17	134048.22	
12 de Givors à Lyon —	4443.70	"		"	4443.70	
13 des ponts Tarrets à Roanne	13083.14	54.07	"	4394.87	17532.08	
14 de Tarare à Violay —	794. "	6.61	"	"	800.61	
15 de Vienne à Rive-de-Gier —	18866.70	240.99	43.30	6133. "	25284.49	
16 de Chazay à Neuville	4433.50	"	"	1075.91	5509.41	
17 de Trembly au port jean gras	3428.57	"	"	"	3428.57	
18 de Belleville à Tramayes	4538.30	2.90	"	"	4541.20	
19 de Chessoy à Rivolet —	4838.38	676.28	"	1631.27	7145.93	
20 de St Cyr au port Rivière —	7180.50	35.02	"	4620.04	11835.56	
21 de Vaise à St Cyr —	3380. "	"	"	7548.33	10928.33	
22 de Monsol à Cluny —	1734. "	"	"	"	1734. "	
23 de Lamure à St Mamert	2811.10	22.79	"	1732.29	4566.18	
24 de Lyon à Panissières —	6228.07	"	"	812.12	7046.19	
25 d'Yzeron au pont d'Anzieux	24976.78	3587.40	"	:	28564.18	
26 de Beaujeu à Macon —	8344.99	9.25	"	"	8354.24	
27 de Rontcharra à Villecheneu	1615.50	"	"	"	1615.50	
28 de Rive-de-Gier à Chavanay	1956.32	"	"	"	1956.32	
Totaux —	209054.59	10163.44	126.68	60.000. "	279.344.71	

ETAT

Des ressources et des dépenses Communales

y compris les secours sur les fonds de

subvention Départementale

pendant l'exercice 1852.

Désignation des Communes	Ressources — en numéraire provenant — de diverses natures	Ressources — en numéraire provenant — de secours accordé pendant l'exercice	Ressources — en prestation	Dépenses — en indemnité de terrain	Dépenses — en travaux	Dépenses — en prestations employées — sur les ch. vicinaux ordinaires	Dépenses — en prestations employées — sur les lignes vicinales	prestations reportées sur l'exercice 1855	prestations rachetées en argent
l'Arbresle	356.87	600. "	"	"	600. "	"	"	"	"
Bessenay	531.25	100. "	1369. "	"	259.45	1184.50	1008.50	"	176. "
Bibost	1449.51	"	917. "	"	"	778. "	"	"	149. "
Bully	405.61	"	4597.50	744.65	174.45	1557. "	"	"	40.50
Dommartin	3497.03	400. "	1065.75	"	3910.36	1030.00	"	"	84.87
Evreux	82. "	"	568.50	"	79.50	568.50	"	"	"
Fleurieux s. l'Arb.	792.96	"	1580.15	574.61	"	1568.75	"	"	31.50
St Germain s. l'Arb.	1691.84	"	794.50	"	"	777.50	"	"	17. "
St Jullien s. B.	651.44	"	1863.75	"	80. "	1242.50	358.50	"	262.75
Lentilly	997.60	"	1689.75	"	351.25	837. "	686.75	"	166. "
Nuelles	118.97	"	491.25	"	"	165.75	250.88	"	76.68
St Pierre la P.	776.84	"	809. "	"	"	792.50	"	"	16.50
à Reporter	11696.11	900. "	13776.85	789.46	5445.39	10480.88	2304.63	"	970.74

La commune de l'Arbresle n'ayant pas encore été imposée en journées de prestations, il en résulte qu'elle ne peut pas améliorer ni même entretenir ses chemins vicinaux qui tombent en mauvais état.

On continue de bien entretenir les chemins vicinaux dont la situation de plusieurs, sur un sol accidenté, ne permet pas néanmoins de présenter la viabilité désirable.

Les ressources en nature de la commune ont été portées sur l'ouverture du chemin vicinal du pont de Peron, à Bibost, et ont produit un résultat très satisfaisant. Il sera dressé un devis pour l'emploi de celles en argent.

Depuis longtemps négligés, les chemins vicinaux de cette commune tombent en mauvais état. Il serait à désirer que la commune s'imposât extraordinairement pour les relever.

Le chemin dont la commune a entrepris la restauration complète a été amené à l'état de viabilité; les autres sont seulement réparés pour assurer la circulation en attendant des réparations plus essentielles.

Les chemins vicinaux d'Evreux ont été bien réparés et sont maintenant entretenus à l'état de viabilité.

Deux chemins de cette commune continuent d'être l'objet des principales réparations; on s'occupera ensuite d'une autre rectification projetée.

Les chemins vicinaux existants sont en bon état, par suite du bon parti que tire l'administration municipale des ressources surtout en prestations. Il serait peut-être utile d'établir un nouveau chemin de la place du Lac à la ligne vicinale de grande communication n° 6.

Cette commune n'a entrepris rien d'essentiel sur ses chemins vicinaux. Plusieurs rectifications ont été étudiées et demeurent à l'état de projet.

Il reste beaucoup à faire sur les chemins vicinaux de cette commune qui demeurent bien en retard sous le rapport de la bonne viabilité. L'on a commencé à créer un impôt extraordinaire pour sortir de cet état.

Étant obligée de concourir pour l'entretien de la ligne vicinale n° 6, il ne reste à cette commune que peu de ressources pour ses chemins vicinaux ordinaires.

Les deux principaux chemins de cette commune auraient besoin d'être rectifiés pour être amenés à l'état de viabilité; mais elle recule devant la dépense…

Reports	11696.11	900. "	13716.35	789.44	5445.39	10480.48	9304.63	"	970.74
Sain-Bel	955.76	"	595.50	"	"	176.50	280.50	"	76.50
Sarcey	355.55	"	910. "	84.15	117. "	830.50	"	"	89.50
Savigny	373.10	"	3605.78	"	296. "	1201.75	2378.50	"	45. "
Sourcieux	970.79	"	1395.75	"	"	374.62	864. "	"	86.63
la Tour de Salvagny	551.76	"	896. "	"	49.95	870.50	"	"	44.50
Condrieu	866.84	"	9328. "	"	514.95	566.95	1569.75	"	192. "
Ampuis	1361.46	300. "	3009.75	579.84	465.(?)	484.50	2658. "	"	127.25
Ste Colombe	1153.37	"	428.50	1055.75	10. "	111. "	219.50	"	108. "
St Cyr s. le R.	1349.19	600. "	593.25	"	1645.49	564. "	"	"	89.25
les Hayes	144.67	500. "	753. "	140. "	500. "	276.75	476.25	"	"
Loire	1030.68	"	1494.50	"	26. "	498. "	991.50	"	15. "
Longes	1749.30	"	9493. "	118.19	1468.40	309.50	1652.50	"	61. "
à Reporter	20615.56	2800. "	31318.35	2766.81	10528.75	16619.75	13375.13	"	1895.27

7

Traversée dans toute sa longueur par une route départementale et dans sa largeur par une ligne vicinale, cette commune n'a plus que des chemins vicinaux presque sans importance.

Les chemins vicinaux de cette commune laissent toujours beaucoup à désirer et sont susceptibles de grandes réparations qu'elle ne pourrait faire qu'au moyen d'un rôle extraordinaire.

La ligne vicinale N° 7, qui traverse le territoire de cette commune dans sa plus grande étendue, a été l'objet de l'emploi de presque toutes ses ressources; aussi les autres chemins laissent-ils beaucoup à désirer.

Les chemins vicinaux de Sourcieux continuent de s'améliorer et présentent déjà un bon état de viabilité.

Les ressources ont été portées cette année principalement sur le chemin de Charbonnières. On entreprendra prochainement l'ouverture de celui de La Tour à Rive de Gier.

Indépendamment des dépenses considérables que cette commune a faites sur la ligne vicinale N° 15, elle a fait restaurer le chemin vicinal N° 1 et entreprit actuellement la rectification de celui N° 10 au moyen de souscriptions volontaires.

Les chemins vicinaux ordinaires d'Ampuis auraient besoin de rectifications très dispendieuses pour être amenés à l'état de viabilité. La ligne vicinale absorbe du reste une grande partie des ressources.

La route impériale et la ligne vicinale laissent peu d'importance à la vicinalité ordinaire de Ste Colombe.

Cette commune a entrepris la restauration de son chemin vicinal le plus essentiel; mais la principale rectification reste encore en lacune.

Cette commune marche activement dans les améliorations vicinales. Deux lignes vicinales de grande communication et un chemin vicinal ordinaire, de l'étendue ensemble de plus de 12 kilomètres, sont déjà ouverts entièrement à neuf.

Cette commune ne s'est pas montrée jusqu'à présent disposée pour les réparations de ses chemins qui laissent cependant beaucoup à désirer.

Le projet du chemin de Dizimieu au Col de Grenouze a subi les formalités d'enquête; après son approbation, il pourra successivement être mis à exécution. Ce chemin desservira une grande partie de la commune.

Reports	24615.56	1200. "	31615.25	2766.81	10538.75	16619.75	12374.13	"	1823.27
St. Romain-en-G.	405.46	"	1087.70	341.09	"	1067.75	"	"	"
Trèves	369.18	"	677.50	"	15.50	"	619.50	"	60. "
Tupin-semons	1081.15	"	881.15	"	89.86	800.95	"	"	21. "
St. Genis-Laval	1738.69	"	"	"	1738.25	"	"	"	"
Brignais	2939.98	"	2676.25	2260.19	410.37	1540. "	770.75	"	105.50
Chaponost	1756.70	"	2615.75	"	994.69	1961.26	77.50	"	977.05
Charly	1170.25	"	875.50	"	1074.17	"	"	875.50	"
Ste Foy les Lyon	6371.13	"	"	"	3769.72	"	"	"	"
Irigny	5992.55	500. "	1436.50	3563. "	2166.67	688.25	718.25	"	20. "
Oullins	2672.18	"	1656.50	"	1165.72	"	"	2630.50	"
Soucieu-en-J.	1654.55	800. "	5190.50	227.07	1439.05	2976.80	"	"	215.60
Vernaison	1516.49	"	896.25	1155. "	363.49	"	"	896.25	"
à reporter	58186.55	2500. "	49482. "	10253.76	23712.72	26652.06	16415.13	4602.25	3250.50

9

La ligne vicinale de grande communication dessert bien le territoire de cette commune et les autres chemins sont peu importants.

Les ressources de la commune de Trèves sont encore entièrement absorbées par la ligne vicinale N°15 qui en traverse d'ailleurs le territoire dans toute son étendue et lui est d'un grand avantage.

Une rectification a été commencée sur le chemin essentiel et un projet a été préparé pour le prolonger; mais ce projet n'est pas arrêté encore.

A défaut de votes des prestations en nature, cette commune ne peut faire aucune amélioration importante. La viabilité des chemins laisse en conséquence beaucoup à désirer.

Les ressources de cette commune sont employées en partie sur la ligne vicinale de grande communication N°1, et sur le nouveau chemin de Chéron. Les chemins vicinaux ordinaires sont dans un état passable.

La restauration des chemins vicinaux de cette commune a été reprise activement et déjà les principaux chemins sont assez en bon état.

On continue chaque année le pavage des principaux chemins vicinaux de cette commune et on arrive successivement à une bonne viabilité.

Le chemin vicinal qui tend de Ste Foy à Lyon a été surtout l'objet de réparations importantes qui y ont apporté une bonne amélioration. Mais il conserve encore de fortes pentes.

La plus grande partie des ressources de cette commune a été employée à l'achèvement du chemin neuf d'Irigny à Yvours qui présente déjà un bon état de viabilité.

Un projet a été préparé pour l'assainissement de Pierre-Bénite en même temps il assurera une meilleure viabilité. L'entretien est en général dispendieux.

Cette commune marche dans la voie du progrès et aussitôt après l'établissement du chemin neuf du Chéron, elle a entrepris celui de Thurins. Elle fait des dispositions pour entreprendre ensuite celui à la Tour à Rive-de-Gier.

Une rectification, sans laquelle le chemin de Charly ne pourrait être amené à l'état d'entretien, est projetée; depuis longtemps les ressources n'ont pas produit les résultats désirables.

	1	2	3	4	5	6	7	8	9
Reports	49786.65	3500."	4948."	40355.76	23718.78	26057.08	16425.19	4402.25	3850.52
Sourdes	1999.99	"	937."	"	310.50	306.50	"	"	34.50
Givors	19507.95	"	3926.25	"	19587.95	966.75	787.18	"	9792.58
St Andéol	137.90	500."	1109.25	"	"	"	"	1109.25	"
Chassagny	955.11	300."	1052.25	"	655.11	954."	"	"	98.25
Echallas	3036.99	"	1999."	"	145.50	1810.50	"	"	104.50
Grigny	495.19	"	1088.50	"	206.40	"	"	1088.50	"
St Jean de Touslas	257.17	"	556.50	"	"	556.50	"	"	"
St Martin de C.	446.88	"	760.25	"	"	76.50	172.50	"	11.75
Mouillery	9155.99	"	1341.50	"	187.75	1805."	19.50	"	117."
Montagny	3044.16	"	1483.50	"	597.10	1167.75	"	"	15.75
St Romain en Gier	439.19	300."	716.25	739.10	988.51	690.75	"	"	95.50
St Laurent de C.	1244.99	"	1576."	"	38.15	788."	795.50	"	52.50
à reporter	61728.61	4600."	64544.25	41085.86	44767.49	34177.93	17950.75	6594."	6481.19

11

Cette commune est arrivée à avoir tous ses chemins vicinaux à l'état d'entretien. Un nouveau classement a eu lieu et la situation de la vicinalité a permis d'y appliquer immédiatement des ressources.

Le travail considérable que cette commune a fait exécuter pour rétablir le chemin du Gier et l'ouverture de celui du cimetière ont absorbé toutes ses ressources. Elle pourra attendre aux améliorations vicinales.

La restauration complète du principal chemin vicinal ordinaire a été entreprise et poussée activement, ainsi que les travaux de la ligne vicinale N°. 2 l'ont permis.

C'est toujours le chemin de Chassagny à Givors qui est l'objet des efforts de cette commune. La construction en est pour diverses maintenant urgente.

La rectification complète du chemin d'Echalas à St Etienne a été l'objet de grandes dépenses pour cette commune. Elle a entrepris néanmoins la rectification sur son territoire de celui de Givors à la Rivoltière.

L'état des chemins vicinaux ordinaires de Grigny est assez satisfaisant et la commune se dispose à faire de grands sacrifices pour obtenir la traverse du bourg par la ligne vicinale N°. 12.

Cette commune ne s'impose pas les sacrifices qu'exigerait la complète viabilité de ses chemins vicinaux. Plusieurs parties sont cependant en assez bon état.

La situation topographique de cette commune ne permet d'obtenir une bonne viabilité qu'en rectifiant à peu près généralement les chemins vicinaux, et ses ressources ne pourraient pas y faire face.

On arrive peu à peu à l'amélioration des chemins vicinaux de Mouillery, mais pour être dans un état tout à fait de viabilité, ils exigeraient quelques rectifications.

La commune de Montagny, qui était demeurée longtemps sans faire aucune réparation importante, vient enfin d'entreprendre activement l'amélioration de sa vicinalité.

Le chemin d'Echalas absorbe toujours une grande partie des ressources de cette commune.

Les principaux chemins de cette commune sont assez en bon état et sont entretenus par le cantonnier.

Reports	81708.41	4600.»	85144.25	11085.86	46707.49	36137.93	17900.75	6594.»	6488.17
Brullioles	2209.58	»	2148.75	»	35.25	2148.75	»	»	»
Bruvieux	978.19		1057.50	»	435.»	1053.»	»	»	4.50
Chambost	4481.52		1971.75	691.07	915.»	1439.37	»	»	594.08
St Clément les p.	3799.28	200.»	1702.50	»	105.»	»	»	1702.50	»
Ste Foy l'Argentière	577.77	»	488.75	»	24.»	161.25	91.87	»	230.63
St Genis l'argentière	1373.43	»	907.50	»	206.75	»	»	907.50	»
les Halles	473.07	»	456.»	»	28.50	456.»	»	»	»
Haute Rivoire	2005.33	»	2640.»	»	479.50	»	»	2640.»	»
Longessaigne	325.83	»	1641.25	»	182.»	870.62	490.75	»	116.88
Montrottier	676.53	»	2439.»	»	71.25	»	»	2439.»	»
Montromand	233.94	»	1507.50	»	18.»	502.50	998.25	»	6.75
Sonzy	247.58	»	771.75	»	78.»	257.25	507.»	»	7.50
à Reporter	99658.48	4800.»	88711.50	11716.93	48724.84	41020.07	20021.62	14283.»	7986.81

13

La commune de Brullioles ne peut qu'entretenir ses chemins vicinaux dans leur situation actuelle; mais une bonne viabilité exigerait leur rectification presque complète, et elle ne peut pas l'entreprendre.

Les chemins vicinaux de Bruvieux sont assez bien entretenus; mais ils sont pour la plupart rectifiés.

La commune de Chambost met toujours beaucoup d'apathie et même de mauvais vouloir à l'amélioration de sa vicinalité qui demeure dans un état déplorable.

Le bon emploi des ressources de cette commune, a amené les chemins dans un état assez viable.

Les chemins vicinaux de Ste Foy sont bien fatigués par l'exploitation houillère; ils sont néanmoins assez bien entretenus au moyen surtout du concours volontaire des exploitants.

Demeurée longtemps dans l'inactivité sous le rapport de la vicinalité, cette commune a enfin fait preuve de bonne volonté pour l'ouverture de la ligne N° 25.

Les chemins vicinaux de cette commune sont en assez bon état et sont d'ailleurs peu importants.

Aucune réparation importante n'a encore été entreprise par cette commune, et les chemins sont assez en mauvais état.

Cette commune marche activement au progrès de la vicinalité. L'ouverture du chemin de Montrottier à Feurs est presqu'achevée sur son territoire. Malheureusement elle est barrée à la limite de Chambost.

Les deux lignes vicinales de grande communication qui traversent cette commune absorbent une bonne partie de ses ressources. Elle a cependant entrepris l'ouverture du chemin de Montrottier à Albigny.

Empressée de terminer la ligne vicinale de grande communication N° 25, la commune de Montromand ne peut que négliger momentanément ses autres chemins vicinaux.

Attendu que les chemins vicinaux ordinaires sont en assez bon état, cette commune pourra porter une partie de ses ressources sur la ligne vicinale N° 25.

Reports	24868.42	4.800 ..	5471.50	11716.95	18738.84	41020.07	25021.07	24783 ..	7586.31
Villebenève	195.36	"	2061.75	"	155.95	"	"	2061.75	"
Limouest	1081 ..	"	1063.50	"	44 ..	1015.50	"	"	48 ..
Chasselay	2555.76	900 ..	2506.50	"	2556.76	698.50	1086.50	"	687.50
les Chères	297.50	.	1076.50	"	34 ..	1066.50	"	"	12 ..
Civrieux (d'azergues)	132.77	100 ..	639.50	"	140.00	605 . .	"	"	34.50
Collonges	1787.10	"	1661.75	"	1446.41	1347.87	"	"	317.88
St Cyr au mont d'or	3489.40	"	2475.75	950 ..	627.84	1599.75	747.75	.	195.25
Dardilly	3996.12	500 ..	2344.50	1610.31	1870.79	2071.50	"	"	873 ..
St Didier au mont d'or	11673.69	1700 ..	5724.75	3751.33	3524.25	3122.50	1087.50	"	324.75
Ecully	1882.29	"	3092 ..	"	2764.76	563.9)	1026 ..	"	1529.63
Lissieu	614.40	"	1287 ..	"	45 ..	816 ..	381.25	"	89.75
Marcilly (d'azergues)	901.16	"	915.75	"	"	292.50	(5) ..	"	35.25
à Reporter	120697.05	7300 ..	107273.75	18026.79	61760 ..	59122.06	25733.52	16344.75	10658.32

15

Après l'achèvement de la ligne vicinale n° 4, cette commune a pu réparer ses chemins vicinaux ordinaires, et elle se dispose à ouvrir celle n° 2?.

Cette commune paraît disposée à entrer dans l'amélioration de sa vicinalité qui a été bien négligée depuis longtemps.

Les chemins vicinaux de Chasselay prennent de plus en plus du développement vers une bonne viabilité. Les ressources assez considérables en prestations en nature et en souscriptions s'emploient toujours avec fruit.

Assez bien entretenus, les chemins de cette commune laissent cependant à désirer en raison de l'humidité qu'y entretiennent les arbres qui les bordent.

Si ce n'est la largeur qui n'a pas encore été obtenue, les chemins vicinaux de cette commune sont bien viables.

La commune de Collonges semble prendre la réparation de ses chemins à cœur et ses ressources de 1852 ont produit assez d'effet; elle a encore beaucoup à faire pour arriver à une viabilité complète.

Les réparations des chemins vicinaux se poursuivent toujours dans cette commune, et l'emploi des ressources donne des résultats satisfaisants.

La vicinalité de Dardilly laisse beaucoup à désirer; aussi a-t-on entrepris beaucoup de travaux pour l'améliorer: mais il reste encore bien à faire.

On continue de dispenser les prestations en nature sur une trop grande étendue et cela a pour effet de ralentir les réparations importantes qui vont très lentement; malgré les ressources considérables qui sont employées.

La commune d'Écully marche dans la voie d'amélioration complète de tous ses chemins vicinaux qui sont déjà à peu près à l'état de viabilité. Des chemins nouvellement classés ont même pu recevoir des améliorations notables.

Plusieurs projets ont été préparés pour recevoir leur exécution cette année. Les prestataires n'ont pas montré jusqu'à présent beaucoup d'empressement pour les améliorer.

Les deux tiers des prestations de cette commune étant affectés au chemin vicinal de grande communication qui l'intéresse d'ailleurs essentiellement, il ne lui reste pas assez de ressources pour l'amélioration de ses autres chemins

	Reportés								
Reportés	120697.05	7500..	105372.75	15098.57	61762..	53132.06	25937.62	16344.75	10654.22
St. Rambert l'Ile b.	1204.76	"	767.25	119.20	599.50	211.50	"	"	555.75
Mornant	6776.46	"	9311.50	713.36	573.90	9113.84	"	"	197.69
St. André la Côte	754.11	"	440.95	"	"	440.95	"	"	"
Ste. Catherine	766.40	303..	1135.50	"	"	378.50	757..	"	"
Chaussan s. R.	1448.50	"	1991.75	208.25	6..	1079..	"	"	148.75
St. Didier s. R.	705.06	"	1999.75	"	807.50	600.75	1999.95	"	99.95
St. Laurent d'Agny	5246..	"	2028.75	"	394.94	1964.50	"	"	59.95
St. Maurice	909.30	"	1678.75	1773.39	"	174.50	1655..	"	49.95
Orliénas	1930.08	"	2142.75	"	52..	2024.25	"	"	118.50
Riverie	448..	"	609.75	"	24..	"	605.95	"	4.50
Pomeys	7449.50	1000..	1650..	6317.41	1282.93	1618.50	"	"	31.50
St. Sorlin	958.18	"	552.50	"	219..	544.50	"	"	9..
à Reporter	149798.40	9800..	129805.95	26613.18	66960.77	64787.12	29487.12	16344.75	11996.96

17

Les chemins vicinaux de St. Rambert ont subi une grande amélioration; mais le sol ardoisier sur lequel ils sont situés ne permet pas d'obtenir toute la viabilité désirable.

Deux projets d'amélioration essentielle pour la commune de Mornant vont être l'objet de l'emploi de ses ressources. Celui du chemin de La Tour à Rive de Gier qui traverse le bourg de Mornant, et celui du logis neuf à Givors. Avec son peu de ressources et ne faisant pas d'effort pour en créer la — commune de St André la Côte ne peut arriver que lentement à établir un débouché sur la ligne vicinale N° 2 qui lui est cependant essentiel.

Les ressources qui ne sont pas affectées à la ligne vicinale N° 2 ont été employées sur les chemins vicinaux les plus essentiels et tendant à St. André et à l'Antégny.

Cette commune a entrepris l'ouverture du chemin vicinal de Givors à Duerne dans la partie située au dessus du bourg. La partie dans la direction de Mornant est achevée.

La ligne vicinale N° 2 absorbe toujours une grande partie des ressources de la commune de St. Didier où il ne lui est plus encore possible d'entreprendre de grands travaux sur ses chemins vicinaux ordinaires.

Des réparations ont été faites sur les deux chemins vicinaux les plus essentiels, mais à l'avenir toutes les ressources seront — portées à l'ouverture de celui de La Tour à Rive de Gier.

La ligne vicinale N° 2 qui se bifurque au bourg de St. Maurice et dessert ainsi la plus grande partie du territoire de la commune, — exige encore presque toutes les ressources de cette commune.

Un projet d'établissement d'un chemin qui doit traverser la — commune par le centre est en voie d'exécution, mais le conseil municipal ne seconde pas l'administration dans ses vues d'améliorations.

Cette commune a un territoire très exigu qui est bien desservi par la ligne vicinale N° 2 qui ne laisse que peu d'importance aux chemins vicinaux ordinaires.

Il ne reste plus qu'une seule lacune d'environ 600 mèt. dans l'ouverture du chemin, depuis la ligne vicinale N° 11 jusqu'à la croix Forest. Cette commune qui a fait d'ailleurs de grands efforts jouira donc à l'avenir d'une bonne viabilité.

Avec son peu de ressources la commune de St. Sorlin laisse ses — chemins vicinaux en mauvais état; elle ne fait pas non plus tous les efforts désirables pour les améliorer.

Reports	148792.40	8800. "	198046.95	26615.18	64960.77	64987.12	29687.12	16944.75	11926.26
Talaryers	1921.95	"	1811.95	"	1027.95	1811.95	"	"	"
Neuville	912.64	"	1896. "	"	896.64	690. "	365.75	"	860.25
Albigny	851.50	"	475.50	"	685.51	237.75	201.75	"	26. "
Cailloux s. F.	937.06	"	2144.95	"	561.66	2144.95	"	"	"
Cadrieux et Cuire	6901.59	"	3956. "	"	6730.89	599. "	"	"	2737. "
Couzon	968.90	"	910. "	"	292.86	877. "	"	"	33. "
Curis	515.40	"	446. "	"	286.95	212.87	141. "	"	91.13
Fleurieu s. Saône	452.07	"	528.50	"	78. "	509. "	"	"	19.50
St Germain	7607.93	500. "	1185.75	"	6516.61	213.57	790.50	"	181.88
Fontaines s. Saône	1309.58	"	186.50	"	440.80	531.36	"	"	255.12
Fontaines s. Martin	768.95	"	816.50	"	408.47	590.13	"	"	226.27
Polymieux	389.20	200. "	910.95	115.60	970.83	931.50	"	"	18.75
à Reporter	170963.15	9500. "	136631.75	26730.78	83155.02	74835.62	30966.12	16944.7	16085.46

19

La nouvelle administration municipale de cette commune a entrepris et mené à bonne fin différentes améliorations d'autant plus appréciées que l'ancienne administration était demeurée dans un état d'apathie complète.

Les chemins vicinaux ordinaires de Neuville sont assez en bon état. Ils sont d'ailleurs peu importants et la ligne vicinale N° 8 qui est aussi en parfait état, dessert bien le territoire de la commune.

Les chemins vicinaux d'Albigny ont été bien détériorés par les travaux du chemin de fer qui ont en outre amené la déviation de plusieurs chemins et même la suppression d'un.

Des chaussées pavées ont été pratiquées sur toutes les parties des chemins vicinaux qui avoisinent le bourg et les chaussées s'étendent sur une longueur de 4 kilomètres. On étend maintenant les réparations au delà au moyen d'empierrements.

Une grande impulsion a été donnée à l'amélioration des chemins vicinaux de la commune de Cuire et déjà on a obtenu des résultats très satisfaisants. Quelques années suffiront pour amener l'ensemble à l'état d'entretien.

Les chemins de Couzon ont souffert beaucoup des eaux torrentielles de 1852. Des pavés ont été détruits et même des parties de chemin bouchées par les débris amenés des hauteurs.

La commune de Curis ne marche pas de pair avec les autres du canton sous le rapport des améliorations vicinales, et encore l'exploitation des matériaux du chemin de fer va venir détériorer ses chemins.

Poursuivie assez activement l'amélioration des chemins vicinaux de cette commune est bien avancée. Cependant une rectification est encore projetée au chemin vicinal tendant à Cailloux.

Placée sous la direction d'une administration municipale intelligente cette commune touche au terme de grandes améliorations vicinales qu'elle a entreprise. Il ne reste plus à réparer que les chemins vicinaux d'une importance secondaire.

Divisée en dernier lieu d'avec celle de Fontaine St Martin, cette commune a un territoire exigu et n'a pas les ressources qu'exigeraient toutes les améliorations vicinales.

Une grande partie des chemins vicinaux de cette commune sont pavés ou exigent par conséquent peu d'entretien. On poursuit cette amélioration.

La situation topographique de Polymieux ne permet d'obtenir que difficilement des améliorations importantes. Cependant la commune les poursuit avec assez de zèle.

Reports	17943.15	9600.»	13653.75	16788.78	2345.05	7483.62	3036.15	16344.75	16385.26
Quincieux	549.61	»	2852.25	»	527.65	950.»	1877.25	»	27.»
Roche taillée	669.15	»	178.75	»	416.40	».»	»	178.75	»
St Romain de C.	926.25	»	391.»	»	900.»	374.50	»	»	16.50
St Symphorien	1319.24	»	1723.50	»	82.44	574.50	735.94	»	443.06
Aveize	1647.52	500.»	1774.24	147.32	925.»	1790.50	»	»	51.75
la Chapelle en V.	736.68	»	771.»	110.05	»	27.»	469.20	»	444.12
Coise	306.10	»	884.25	»	67.70	194.75	583.50	»	»
Duerne	1688.59	»	723.»	»	37.87	712.50	»	»	10.50
Grézieux le marché	2016.50	»	677.50	»	20.70	677.50	»	»	»
Larajasse	2765.37	»	3093.75	2019.05	110.40	967.11	2059.50	»	67.14
St Martin en haut	663.99	»	9589.75	»	»	563.25	1351.90	»	366.57
Meys	83.04	»	1454.»	»	205.75	426.87	918.63	»	138.50
à Reporter	34443.39	10000.»	45744.75	39005.16	3447.31	16464.10	39066.75	16583.50	17492.40

21

La difficulté de se procurer de bons matériaux est un obstacle à la bonne viabilité en tous temps des chemins vicinaux de cette commune. Ils ont en outre beaucoup souffert cette année de l'établissement du chemin de fer.

L'exiguité du territoire de cette commune et la route départementale qui le traverse, rendent la vicinalité presque nulle.

Le seul chemin important de cette commune, aurait besoin d'une rectification complète pour lui donner une destination plus étendue. Mais elle ne paraît pas disposée à l'entreprendre.

Les ressources de cette commune sont employées depuis deux ou trois ans presqu'exclusivement sur le chemin de St Symphorien à Chazelles, faisant partie maintenant de la ligne No. 2.

Depuis plusieurs années la commune d'Aveize poursuit l'ouverture du chemin de son bourg à Ste Foy, et cette ouverture touche à sa fin. Mais il restera à l'amener à l'état de viabilité.

Toute occupée de la ligne vicinale No. 11 qui l'intéresse essentiellement, cette commune ne pourra entreprendre l'amélioration sérieuse de ses chemins vicinaux qu'après l'achèvement de cette ligne.

La ligne vicinale No. 2 a absorbé jusqu'à présent en grande partie les ressources de cette commune. Elle a cependant commencé les réparations sur les chemins vicinaux ordinaires.

On ne fait à Duerne que des réparations d'entretien ; cependant il serait à désirer qu'arriverait le chemin vicinal de Givors à Duerne, mais il ne pourra être entrepris sur cette commune que simultanément avec la partie sur St Martin.

La commune de Grézieux qui s'était contentée jusqu'à ce jour de réparer ses chemins sans aucun changement de direction, paraît disposée à entreprendre une rectification importante pour se mettre en communication facile avec son chef-lieu de canton.

Il n'a guère été entrepris d'améliorations sérieuses en dehors de la ligne vicinale No. 2 et du chemin de Ste Catherine à l'Aubépin. L'ouverture de ce dernier est à peu près complète.

Les deux lignes vicinales No. 2 et 11 qui traversent le territoire de cette commune sur une vaste étendue absorbent toutes ses ressources. Elles l'intéressent d'ailleurs au plus haut degré surtout celle No. 11.

L'importante création de la ligne vicinale No. 25 dans la plaine de Meys intéresse beaucoup cette commune qui ne pourra entreprendre d'autres grandes améliorations avant son achèvement.

Reports	146113.89	10000.	147768.75	29005.16	86847.31	40654.10	39066.75	16573.50	17493.40
Pomeys	557.75	"	1379.50	"	42	"	"	1253.50	"
Vaugneray	1771.86	500.	4161.75	"	2239.22	5474.	"	"	687.75
Brindas	552.86	"	1157.25	"	236.66	615.75	1234.50	"	"
Charbonnières	903.03	"	900.56	"	166.	822.	"	"	115.50
Chevinay	1661.16	"	1157.75	"	630.68	517.75	1036.50	"	"
Ste Eusèbe Mercy	710.90	"	701.55	"	215.50	"	1773.25	"	52.25
Courzieux	1552.67	2000.	4446.39	"	1206.90	"	"	4446.39	"
Craponne	217.25	"	2011.50	"	200.	651.75	1341.50	"	38.25
Francheville	1160.61	300.	2163.25	"	1152.95	1379.	687.75	"	196.50
St Genis les Ollières	1423.17	"	1516.50	"	260.80	1499.25	"	"	17.25
Grézieu la Varenne	548.80	"	1837.50	1605.10	532.10	601.	1725.	"	10.50
St Laurent de Vaux	186.15	"	882.75	"	"	252.50	"	"	"
à reporter	162274.80	12800.	177591.66	30013.26	104160.26	90377.60	46765.25	22238.39	18620.40

23

L'ouverture du chemin de St. Symphorien à Chazelles traverse une partie du territoire de Pomeys, et absorbe momentanément ses ressources. Après l'achèvement de ce chemin, on pourra entreprendre d'autres améliorations.

La commune de Vaugneray poursuit toujours les travaux du chemin vicinal de la Maison Blanche à la Girandière. Mais ses autres chemins demeurent en souffrance et notamment celui de Blanche Billot qui est en mauvais état.

Après avoir terminé la ligne vicinale No.11 sur son territoire, la commune de Brindas a fait quelques réparations sur ses chemins vicinaux ordinaires; et est disposée d'entreprendre ensuite le chemin de Talom à Rive-de-Gier.

Les avaries occasionnées à deux ponts par les eaux diluviennes du mois de juin 1852 ont occasionné beaucoup de dépenses pour le rétablissement des dégâts. Les réparations sont néanmoins achevées.

Cette commune emploie ses ressources avec fruits, et après avoir amené la ligne vicinale de grande communication No.14 à un bon état de viabilité, elle s'occupe des embranchements sur cette ligne.

En attendant que cette commune puisse s'occuper du chemin de Talom à Rive-de-Gier, elle a fait quelques réparations sur ses principaux chemins vicinaux.

La construction de deux ponts, chacun à deux arches, et le remblai de leurs abords ont absorbé les ressources de la commune; ses ponts sont livrés à la circulation.

Les chemins vicinaux de Craponne sont presque tous amenés à l'état de bonne viabilité, au moins autant que leur importance l'exige. Il deviendra nécessaire de réviser le tableau de classement.

Les grandes améliorations qui ont été faites sur la vicinalité de Francheville assurent maintenant une bonne viabilité sur presque toute son étendue.

Employées sous la direction de M. le Maire, les prestations en nature de cette commune produisent de bons résultats; et si ce n'est la largeur qui n'est pas complète, les chemins vicinaux sont en bon état.

La commune de Grézieu avait trop d'intérêt à l'achèvement de la ligne vicinale No.14 pour le différer; aussi y a-t-elle employé ses principales ressources. Maintenant elle pourra s'occuper de celle de Talom à Rive-de-Gier.

Quoique peu avancée dans les améliorations vicinales, cette commune a cependant réparé son chemin vicinal No.1. Mais le prolongement de ce chemin au territoire de Vaugneray est en très mauvais état.

Communes									
Reports	30?274.80	14800. "	77?91.64	30010.26	104140.24	30077.60	46565.25	22228.39	18640.40
Messimy	181.40	"	7088.74	"	169.50	978.19	1044.37	"	116.45
Pollionnay	211.55	"	7739.50	"	164.05	1469. "	697.77	"	72.75
Tassin	983.25	"	1800. "	"	533.86	97.75	800. "	"	309.25
Thurins	860.19	"	5961. "	105.18	262.27	989.56	1989.14	"	288.36
Yzeron	360.57	"	1809.25	"	"	747.95	400.75	"	59.95
Guillotière									
Bron	158.89	"	1347. "	"	"	157?4 "	"	"	53. "
Vaulx-en-velin	404.50	"	2488.50	"	404.50	2424. "	"	"	64.50
Vénissieux	1005.47	"	3036.50	"	1005.47	2426.05	"	"	610.45
Villeurbanne	1170. "	"	"	"	245. "	"	"	"	"
Anse	749.94	"	1988. "	"	681.09	973. "	976.75	"	36.95
Alix	231.01	"	513.75	"	170. "	495.75	"	"	18. "
à Reporter	40855?.32	12800. "	[illegible]	30?14.44	107693.96	109197.02	[illegible]	22228.39	20935.46

25

Les trois chemins essentiels de la commune de Messimy ont été assez bien réparés; ils ne seront cependant à l'état de viabilité que lorsque les empierrements seront complétés.

Cette commune est assez en retard sous le rapport de la viabilité; cependant elle a commencé quelques améliorations sur ses principaux chemins.

Traversée par deux routes impériales et deux lignes vicinales il a été facile à cette commune d'améliorer ses chemins vicinaux ordinaires. Toutefois elle ne met pas d'empressement à achever l'essentiel qui conduit à St Genis.

Traversée sur toute sa longueur par la ligne vicinale N° H, les ressources de cette commune sont en grande partie absorbées par son achèvement. On a cependant commencé les travaux d'un embranchement sur cette ligne.

Au moyen de la bonne surveillance des ressources en prestations qu'exerce le maire, les chemins vicinaux d'Yzeron sont assez bien réparés.

Les ressources de 1852 avaient été disséminées sur un grand nombre de chemins et n'avaient pas produit d'effet. Des mesures sont prises pour un meilleur emploi de celles de 1853.

Il en a été de même à Vaulx en velin; aussi les chemins vicinaux sont-ils restés en très mauvais état. On espère obtenir de meilleurs résultats à l'avenir et la commune a voté un impôt extraord. pour arriver plus vite à une bonne viabilité.

Rien n'avait été fait non plus de remarquable sur les chemins vicinaux de Vénissieux par suite de ce système à disséminer les ressources. L'administration municipale s'est aussi montrée disposée à entrer dans une meilleure voie.

Cette commune ne s'impose pas de prestations en nature et elle disséminait ses ressources en argent sur tous ses chemins sans obtenir de résultats satisfaisants. Un autre système a été suivi cette année.

A part les dégradations commises par les entrepreneurs du chemin de fer, les chemins vicinaux de la commune d'Anse, sont assez en bon état. Une souscription a été faite pour la restauration de celui de la Gonthière.

Le principal chemin de cette commune, celui de Châtillon, laisse encore à désirer sous le rapport de la viabilité. Il serait à désirer que la commune d'Alix s'imposât des sacrifices extraordinaires pour l'améliorer.

Reports...	103551.34	12800.	196928.06	3095.44	107693.96	109197.02	54575.99	2228.39	20835.68
Ambérieux	88.60	"	394.50	"	88.50	131.50	265."	"	"
Belmont	1843.84	468."	693."	"	16.40	690."	"	"	3."
Charnay	374.07	"	3057."	"	"	3057."	"	"	"
Chazay d'azergues	413.56	"	1378.25	622.65	611.55	453.75	917.56	"	"
la Chavagne	423.93	"	916.15	"	680."	907.12	"	"	6."
St Jean des Vignes	239.66	"	840."	"	35."	356."	480."	"	"
Liergues	330.53	"	1889.75	6."	313.43	416.58	544.94	"	15.25
Lozanne	40.74	"	597."	"	4."	231."	462."	"	"
Lucenay	252.32	"	1651.40	"	24.50	715.75	515.75	"	"
Marcy	856.96	"	849."	133.60	"	429."	"	"	"
Morancé	891.39	"	4115."	"	680."	556.50	556.50	"	"
Pommiers	627.52	"	1309.50	"	354.90	1897.50	"	"	12."
à Reporter	216099.28	13200.	407757.50	3787.74	115055.74	115367.72	55985.66	22228.39	10877.73

Observations:

Ambérieux — Les chemins vicinaux sont assez en bon état et les dégats qui y avaient été occasionnés par les eaux du mois de juin 1852 ont été réparés.

Belmont — Le chemin vicinal du Pont de Dorieux à Charnay sur le territoire de Belmont, a été amené à l'état de complet entretien au moyen des ressources créées à cet effet, surtout en souscriptions volontaires.

Charnay — Cette commune qui avait demandé avec instance l'établissement du chemin de Dorieux à Charnay, s'en bien rapproché lorsqu'il s'est agi de l'exécution. Elle n'emploie d'ailleurs pas ses ressources avec la régularité désirable

Chazay d'azergues — Les chemins vicinaux de Chazay sont assez en bon état. Celui du moulin Pothier ne présentera cependant une bonne viabilité qu'au moyen d'une rectification.

la Chavagne — Le chemin principal de cette commune destiné à recevoir des réparations importantes, et grâce à la générosité de Mde de Mortemart, on pourra dès cette année achever l'ouverture jusqu'à la route départementale au territoire des communes de Frontenas et Theizé.

St Jean des Vignes — Etroits et pentifs les chemins vicinaux de cette commune, ne peuvent présenter une bonne viabilité. Une rectification est devenue nécessaire à celui N°. 1.

Liergues — Les principaux chemins de cette commune sont en bon état. Elle s'occupe activement de la restauration de celui de Combe.

Lozanne — En dehors du chemin de grande communication N°. 6 qui absorbe d'ailleurs une partie de ses ressources, la vicinalité laisse beaucoup à désirer.

Lucenay — La ligne n° 6 qui traverse cette commune en un état en bon état lui a fait négliger les autres chemins vicinaux dont les deux principaux auraient besoin d'être rectifiés.

Marcy — Un chemin essentiel pour cette commune celui du Pont de Dorieux à Villefranche aurait besoin d'être rectifié sur son territoire un projet sera probablement présenté à cet effet.

Morancé — Sans être en mauvais état les chemins vicinaux de Morancé laissent encore à désirer, on s'occupe en ce moment à restaurer celui N°. 9.

Pommiers — Les chemins vicinaux de Pommiers sont assez en bon état. Cette commune pourra à l'avenir opérer quelques rectifications dans l'intérêt de la bonne viabilité.

Reports	206099.98	13200.-	209757.50	21587.24	100012.54	111862.72	55982.66	22228.99	10877.79
Pouilly le monial	398.07	"	989.75	85.-	142.72	858.50	329.25	"	"
Beaujeu	955.63	"	2941.50	"	671.26	1629.06	630.25	"	672.19
les Ardillats 1851	"		1693.95			375.13	903.50	"	209.62
les Ardillats 1852	447.61	"	1456.50	"	77.50	435.50	971.-	"	"
Avenas	33.90	"	676.-	"	"	412.y	484.-	"	"
Chénas	661.66	"	1665.-	"	45.-	1514.95		"	15.75
Chiroubles	250.63	"	1488.75	"	247.02	660.50	959.50		15.75
St Didier s.b. 1851		"	3054.-			990.15		"	63.88
St Didier s.b. 1852	1754.84		1611.50		733.65	1576.75			64.95
Durette 1851			166.75			174.37	351.-		94.38
Durette 1852	46.41	"	162.50	"	"	187.50	575.-	"	"
Emeringes	422.61	"	792.-	"	"	264.-	528.-	"	"
Fleurye	617.76	1100.-	3584.85	"	1263.30	3534.-	"	"	50.25
Jullié	551.21	"	8015.85	"	100.-	671.75	1363.50	"	"
Julliénas	655.18	"	2296.75	"	13.30	699.88	1850.-	"	76.87
à Reporter	222918.60	14300.-	235719.95	21579.54	103317.07	124896.05	64946.66	22228.99	11460.17

Malgré l'état assez satisfaisant que présente le principal chemin de Pouilly, cette commune a l'intention d'éviter la forte pente qu'il présente à sa naissance au territoire de Lurgues, au moyen d'une rectification.

Si l'on a égard aux mauvaises conditions dans lesquelles les chemins de Beaujeu se trouvent situés, ils ne paraissent pas en mauvais état.

Malgré la facilité que cette commune aurait de se relier aux voies de communication qui forment un triangle sur son territoire, elle laisse depuis longtemps, par l'apathie de l'administration municipale, sa vicinalité en mauvais état.

La ligne vicinale N° 18 a absorbé depuis longtemps les ressources d'Avenas; elle intéresse d'ailleurs cette commune au plus haut degré.

Les chemins vicinaux de cette commune sont en bon état, mais il serait à désirer qu'une rectification fut faite à celui tendant des Deschamps à Fleurye pour établir une direction plus immédiate.

De très bonnes dispositions sont arrêtées et suivies dans cette commune, dispositions qui consistent à rectifier d'une manière à peu près générale les principaux chemins vicinaux. Leur exécution va aussi vite que possible.

L'expropriation d'un propriétaire qui a eu lieu dernièrement permettra d'achever la rectification au lieu de la Sive.

La ligne vicinale N° 9 dessert parfaitement le territoire de Durette et laisse peu d'importance aux autres chemins vicinaux.

Peu importante déjà, les prestations de cette commune ne produisent pas encore un résultat rigoureux faute d'être bien dirigées par l'administration municipale.

Les principaux travaux exécutés à Fleurye consistent dans le prolongement du chemin des Bruyères et dans la rectification du chemin de Poncié, travaux qui ont eu lieu surtout au moyen de souscriptions volontaires.

A l'exception de la ligne vicinale N° 17 et de l'embranchement du bourg sur cette ligne, la vicinalité de Jullié présente de mauvaises conditions. Il serait important d'établir un chemin de Jullié à la croix Gerbay pour se souder avec celui établi dans la commune voisine.

Une amélioration importante a été faite au chemin vicinal N° 1 servant d'embranchement au bourg sur la ligne vicinale N° 17. Les autres chemins vicinaux sont dans un état passable et pourront être encore améliorés à l'avenir.

	Année									
Reports		222978.60	18.300.»	137749.25	31472.54	112367.07	114826.05	64946.66	22778.29	21468.17
Lantignié	1851	1082.94		1764.»		335.30	1732.50	»	»	31.50
	1852			1692.»			139.62	1079.25	»	73.13
Marchampt	1851			1572.75		45.85	593.50	1242.50		30.75
	1852	538.55	»	1941.»	»		630.13	1294.»	»	16.37
Quincié	1851		»	3680.»			1140.»	2260.»	»	»
	1852	1142.83		3426.75	645.69	60.»	989.69	2288.74	»	593.96
Regnié	1851		»	1976.»		»	572.89	1240.63	»	174.49
	1852	198.69		1297.50		45.»	620.88	1217.75		59.86
Vauxrenard	1851			1786.50			1786.50			»
	1852	944.81		1925.75	296.69		1925.75			
Vernay	1851			1755.»			1755.»	»		
	1852	703.19		405.75		46.15	607.75	»		
Villié		1636.77	»	4077.»	»	»	1300.25	2715.»	»	153.75
Belleville		3590.15	»	2104.»		420.»	1523.75	»	»	120.25
Cercié		2073.30	»	999.50		7.50	999.50	»	»	»
Charentay		1465.91	»	2189.50		368.»	2178.25	»	»	11.25
Corcelles		1137.17	»	1686.75	686.69	698.»	996.70	»	»	50.25
Dracé		2053.19	»	1403.»		715.75	1809.»	792.»	»	9.»
à Reporter		243752.56	18.300.»	169306.»	32118.03	115967.10	116497.57	79315.05	22778.29	22786.21

Les chemins vicinaux de cette commune sont un peu négligés en raison de l'emploi des ressources pour l'ouverture de la ligne vicinale n°. 26.

Desservie par la ligne vicinale n°. 9, dans le sens de sa plus grande étendue le territoire de Marchampt est assez bien desservi. Les autres chemins moins importants ont un peu souffert de l'établissement de cette ligne.

La ligne vicinale de grande communication n°. 9 et le chemin vicinal ordinaire de Quincié à Beaujeu formant la partie la plus importante de la vicinalité sont en bon état.

Deux lignes vicinales de grande communication qui traversent le territoire de cette commune, absorbent une bonne partie de ses ressources. Cependant les chemins vicinaux ordinaires ne sont pas en bien mauvais état.

Un système d'amélioration générale de la vicinalité, en établissant tous les principaux chemins à neuf, a été conçu et la commune a entrepris résolument l'exécution de ce projet.

Le peu d'importance de cette commune ne lui permet pas de faire des améliorations sérieuses aussi ses chemins vicinaux sont en mauvaises conditions.

La création de deux nouvelles lignes de grande communication qui se croisent sur le territoire de Villié ont nécessité l'emploi de presque toutes les ressources, et les chemins vicinaux ordinaires ont dû souffrir de cet état. De ceux-ci qui devra à l'avenir

Les chemins vicinaux de cette commune laissent encore à désirer sous le rapport de la viabilité, et même les réparations de celui de Villefranche, le plus important, ont fort mal réussi en raison des gelées qui l'ont suivi.

Si ce n'est la largeur qui manque sur certains points, les chemins vicinaux de Cercié sont en assez bon état. Un pont de 8 mètres d'ouverture est projeté sur l'Ardières.

Les chemins vicinaux de Charentay sont arrivés à un assez bon état de viabilité.

La difficulté de se procurer de bons matériaux rend bien difficile l'entretien des chemins vicinaux de cette commune.

Submergés souvent par les débordements de la Saône et manquant de bons matériaux, les chemins vicinaux de Dracé sont souvent en mauvais état malgré les réparations constantes qui y sont faites.

Reports —	140155.55	14.500	164506	98118.03	15967.10	144497.57	79518.05	11918.59	11762.21
St Étienne la V.	1435.45	"	3480.75	839.18	603.80	815.87	2197. "	"	467.88
St Georges de Reneins	6457.50	"	608g. "	"	140. "	1503. "	2833.85	"	198.75
St Jean d'Ardières	856.19	"	2814.85	"	475.35	455.85	1609.50	"	349.50
St Lager	596.65	"	2817.75	"	575. "	2211.75	"	"	6. "
Lancié	855.15	"	1455.75	"	"	1515.50	"	"	80.85
Odenas	870.85	"	1749.75	"	"	1685.75	546.85	"	90.75
Taponas	1857.15	"	640.50	"	849.75	690.50	"	"	"
Bois d'Oingt	1165.50	"	1887. "	389.14	196.84	1674. "	"	"	213. "
Bagnols	185.75	"	349. "	"	85. "	590.63	404.50	"	13.87
le Breuil	2956.85	500. "	984.75	"	"	984.75	"	"	"
Chamelet	1668.44	"	1536.75	"	"	1804.50	"	"	92.85
Châtillon d'Azergues	784.94	"	1891.85	604.50	54.85	1516. "	548.75	"	112.50
à Reporter —	[illegible]	15.000	[illegible]	[illegible]	[illegible]	[illegible]	[illegible]	[illegible]	[illegible]

Une souscription volontaire a permis d'opérer une rectification destinée à donner un débouché à une assez grande étendue de son territoire.

Une ouverture de chemin remarquable a été faite de la route impériale N° 6 à la ligne vicinale N° 20, pendant l'exercice 1852 et en partie au moyen de journées volontaires.

Plusieurs chemins de la commune de St Jean ont subi des détériorations par suite de l'établissement du chemin de fer, et sont assez en mauvais état.

Les chemins vicinaux de St Lager sont entretenus en assez bon état. Ils n'ont pas exigé d'ailleurs des rectifications importantes.

Le principal chemin, celui qui conduit à la route impériale est en bon état. Les autres laissent à désirer sur plusieurs points.

La ligne vicinale N° 5 et le chemin de St Lager qui est en parfait état formant la partie la partie la plus importante de la vicinalité. Deux autres chemins surtout ont cependant encore assez d'importance pour être restaurés.

Les chemins vicinaux de Taponas sont dans un état de viabilité passable. La Passerelle établie pour le passage de l'Ardière fut détruite par les eaux de juin 1852.

La commune du Bois d'Oingt s'est surtout attachée à poursuivre l'amélioration du chemin vicinal du Bois d'Oingt à Oingt qui sera bientôt achevée.

Les chemins vicinaux de Bagnols présentent un bon état de viabilité sur une grande partie de leur parcours.

La construction du pont qui n'a pu se terminer en 1852 à cause des fortes eaux a été reprise. Des chemins vicinaux laissent d'ailleurs encore à désirer faute d'un bon emploi des prestations.

Les chemins vicinaux de Chamelet sont situés sur un sol très accidenté et ne pourraient présenter une bonne viabilité qu'au moyen de rectifications nombreuses.

Malgré le bon emploi que fait cette commune de ses journées de prestations, elle a encore beaucoup à faire pour obtenir l'entière restauration de ses chemins vicinaux.

Communes									
Reports	160368.98	14800. "	398629.60	33906.82	113344.79	155485.87	87651.28	22228.39	24263.96
Chessy	687.72	"	936.50	8786.50	50. "	671.75	494.85	"	22.50
Frontenas	104.60	"	641.85	"	"	212.75	447.50	"	"
St Just d'Avray	2996.87	200. "	2085. "	1019.91	900.85	2044.50	"	"	70.50
St Laurent d'Oingt	1164.12	"	1600.50	673.44	291.04	1561.50	"	"	09. "
Légny	103.26	"	817.25	"	103.84	541.50	234. "	"	26.75
Létra	903.47	"	157. "	"	82.20	1514. "	"	"	57. "
Moiré	611.41	"	308. "	"	7.70	308. "	"	"	"
Oingt	518.60	"	861.50	"	968.04	805.50	"	"	26. "
St Paule	1199.20	200. "	869.25	"	67.50	922.75	"	"	19.50
Ternand	1979.20	"	1105.50	"	227.04	1105.50	"	"	"
Theizé	2396.79	"	2194.50	1676.00	209.47	599.50	1469. "	"	122. "
St Vérand	889.32	500. "	1626.75	1128.67	506.15	861.75	518.25	"	263.25
à reporter	176830.65	15900. "	407044.60	48205.47	117341.44	169285.37	90612.20	22228.39	24893.46

La route départementale N°7 et la ligne vicinale N°19 qui traversent le territoire de cette commune dans deux directions laissent peu d'importance aux chemins vicinaux ordinaires.

La bonne disposition et le bon emploi des ressources en prestations de cette commune la font approcher du terme où on atteindra une bonne viabilité.

Cette commune poursuit actuellement l'amélioration de ses voies vicinales par des rectifications à peu près générales. Les terrains sont, en grande partie, cédés gratuitement.

On n'a pas encore entrepris des améliorations importantes dans cette commune où des projets ont cependant été dressés [demeurés?] sans être réalisés.

Des résultats satisfaisants sont obtenus de l'emploi des prestations en nature dans cette commune. Le chemin vicinal N°2 surtout a été bien amélioré.

Toujours dirigées par l'administration municipale qui a refusé jusqu'à présent d'en confier la surveillance à un piqueur et disséminées sur une grande étendue, les journées de prestations de cette commune produisent peu de résultats.

Les chemins vicinaux de cette commune sont assez en bon état si ce n'est le peu de largeur qui existe encore sur plusieurs points.

Les deux principaux chemins de cette commune sont en bon état de viabilité. Les journées de prestations s'effectuent d'ailleurs très bien.

Cette commune poursuit actuellement l'ouverture du chemin vicinal de Villefranche à Ternand qui sillonne son territoire. Des cessions importantes de terrains ont été faites à cet effet.

Une rectification du chemin vicinal, tendant du bourg de Ternand à la route départementale N°7, a été faite en grande partie au moyen de la souscription volontaire d'un propriétaire de cette commune.

Malgré les travaux considérables qui ont été faits sur les chemins vicinaux de cette commune, ils sont encore susceptibles d'améliorations importantes.

La commune de St Vérand a entrepris depuis longtemps l'établissement d'un chemin vicinal pour se relier sur la ligne vicinale N°13. Elle s'est enfin décidée à lui donner plus d'impulsion.

Reports	276830.65	15900. "	567044.10	4990?.47	121741.12	169285.57	90612.95	22223.59	14920.46
Ville sur Jarnioux	706.43	"	1703. "	103.15	151.60	354.60	1402. "	"	66.27
Lamure	3609.90	"	1950.95	"	60. "	650.95	416.75	"	703.95
St Bonnet le E.	1450. "	"	1618.50	"	62. "	560.95	1107. "	"	171.95
Chambost allières	1626.40	"	1959.95	"	80. "	1959.95	"	"	"
Chenelette	950.97	"	970.75	"	59	51. "	552.75	"	9. "
Claveisolles	914.75	"	1650.75	"	434.56	545.45	1105.50	"	"
Grandris	692. "	"	1276.95	"	260. "	1953.95	"	"	723. "
Meaux	1244.59	200. "	1027.50	"	405. "	994.95	"	"	35.95
St Nizier d'Az.	1396.18	"	2239.50	2740. "	647. "	1117.50	1122. "	"	"
Poule	496.78	"	2959.50	"	154. "	1777.75	922.95	"	239.50
Ranchal	582.61	"	595.75	"	158. "	331.50	254.25	"	"
Ebel	148.98	"	551. "	"	52. "	610.95	220.75	"	"
à Reporter	290839.58	16700. "	495518.50	45908.?2	124244.28	179006.50	98286?.?3	22223.59	15764.07

Pour compléter sa vicinalité, la commune de Ville-sur-Jarnioux à encore à terminer la ligne N° 19 et le chemin de Villefranche à Ternand. Mais cet achèvement occasionnera de grandes dépenses.

Les mauvaises dispositions de l'administration municipale de Lamure ont depuis longtemps empêché toute espèce d'amélioration. Espérons que la mutation qui vient de s'opérer produira de l'effet.

Les lignes vicinales N° 9 et 10 absorbent une grande partie des ressources de cette commune. Cependant un projet pour l'ouverture du chemin de la vallée de Ronson a été approuvé et l'ouverture commence au moyen de souscriptions volontaires

Si ce n'est leur situation sur un sol accidenté qui nécessiterait plusieurs rectifications pour obtenir une bonne viabilité, les chemins vicinaux sont assez en bon état.

La plus grande partie des ressources est toujours portée sur la ligne vicinale N° 23 qui est d'ailleurs essentielle pour cette commune.

Deux lignes vicinales parcourent une grande étendue du territoire de cette commune qui a en outre entrepris l'ouverture du chemin vicinal ordinaire de Vaux à Claveisolles. Elle manque de ressources pour compléter assez vite toutes ses entreprises.

Cette commune qui pendant longtemps avait négligé complètement sa vicinalité a cependant entrepris la restauration du chemin servant d'embranchement du bourg à la route départementale N° 5.

Cette commune s'occupe activement de l'ouverture du chemin vicinal N° 2 et fait un bon emploi de ses prestations en nature.

La ligne vicinale N° 9 qui se développe très longuement sur le territoire de St Nizier, a absorbé pendant longtemps ses ressources. On commence seulement les réparations des chemins vicinaux ordinaires.

L'ouverture du chemin du Dernier est l'objet des principaux travaux de cette commune qui n'y a pas mis non plus tout l'empressement désirable.

Cette commune s'occupe surtout de l'ouverture du chemin de Ranchal aux Quatre Vents. Elle est d'ailleurs traversée par la ligne vicinale N° 10.

La réduction que cette commune a apporté à son rôle de prestations en nature nuit beaucoup à l'achèvement de son principal chemin.

Reporté —	296674.50	16200. "	29558.50	67046.52	21224.38	77956.50	93466.53	24228.39	35748.08
St Vincent de R.	79.95	"	1703.50	"	88. "	637. "	790. "	"	76.50
Monsol	112.67	"	2379. "	"	118.85	769.25	1438.55	"	71.80
Aigueperse	69.95	500. "	1498. "	"	560.20	476.50	977.50	"	118.20
Azolette	398.26	"	714. "	"	212.50	"	"	714. "	"
St Bonnet de B.	450.78	"	2107.25	"	"	697. "	1394. "	"	11.25
Cenves	109.30	500. "	2235. "	"	392.50	1590.60	318. "	"	526.40
St Christophe	198.20	"	1755. "	"	"	561. "	1194.60	"	72.40
St Jacques de R.	190.75	"	992.25	"	"	304. "	603. à	"	20.25
St Mamert	36.75	"	407.25	"	18. "	105.75	271.50	"	"
Ouroux	924.15	"	2178.75	"	"	715.75	1444.25	"	18.75
Propières	331.10	"	1376.50	"	331.10	1211.85	"	"	65.25
St Igny de Roche	111.90	1000. "	4406.75	"	1000. "	1561.50	2788.85	"	198.40
à reporter —	299954.05	18000. "	54443.59	67046.52	116465.53	87778.10	109550.58	24242.39	36664.68

Les lignes vicinales Nos 9 et 10 qui se croisent sur le territoire de St Vincent de Reins et qui absorbent une grande partie de ses ressources, rendent aussi la vicinalité ordinaire peu importante.

Les deux lignes vicinales Nos 5 et 22 qui se développent longuement sur le territoire de cette commune sont à l'état d'entretien et on a pu faire quelques améliorations sur les chemins vicinaux ordinaires.

Cette commune fait tous ses efforts pour obtenir, maintenant qu'elle est traversée par la ligne vicinale No 5, l'ouverture du chemin d'Aigueperse au Gardet.

Les ressources en nature de cette commune s'emploient assez bien, cependant elles n'ont pas produit un résultat tout à fait satisfaisant faute d'avoir été effectuées en temps utile.

La ligne vicinale de grande communication No 5 rend les chemins vicinaux ordinaires peu importants. Aussi s'est-on contenté de les réparer dans les plus mauvaises parties.

Il est fâcheux que cette commune d'ailleurs bien disposée pour les améliorations vicinales, et qui a encore beaucoup à faire, n'ait pas un rôle de prestations rédigé régulièrement, ce qui la prive de ressources.

La ligne vicinale de grande communication No 22 a absorbé jusqu'à présent une grande partie des ressources de cette commune. Elle est disposée à construire un pont cette année et attend l'approbation d'un projet pour le mettre à exécution.

Cette commune attend l'approbation du projet du chemin destiné à relier les deux lignes vicinales Nos 17 et 18, par le centre de son territoire, pour le mettre à exécution.

La vicinalité de cette commune est peu importante en dehors des lignes vicinales Nos 18 et 23 qui traversent son territoire et qui sont bien viables.

Deux lignes vicinales de grande communication se bifurquent déjà sur Ouroux; dont l'une est à l'état d'entretien et l'autre présente un état de viabilité satisfaisant en attendant son achèvement. Cette commune a encore entrepris l'ouverture du chemin d'Ouroux à Thoux.

La mutation qui s'est opérée dans l'administration municipale a été favorable à la vicinalité et aussitôt après l'ouverture du chemin vicinal de Propières à la Rayette a été entreprise.

L'ouverture à neuf du chemin des Echarmeaux à la Rayette a été poussée activement et s'achèvera prochainement depuis la limite de Propières jusqu'au Saucey.

Reports	39754.05	18000. "	34439.75	45048.52	18694.53	167278.10	109554.58	89962.39	26664.60
Terndes	41.46	"	687. "	"	50. "	209. "	418. "	"	"
Varare	1400. "	"	"	"	5. "	. "	"	"	"
Affoux	1091.25	"	850.50	"	669.12	229.75	492.50	"	124.75
Ancy	511.87	"	1989.75	"	"	519.25	1396.50	"	150. "
St Oppolinaire	268.73	"	609. "	"	"	405. "	201.50	"	4.50
St Clément	606.12	"	1444.50	"	28. "	468.75	936.50	"	86.75
Dareizé	766.38	"	717. "	"	"	394. "	194. "	"	129. "
Dième	715.94	500. "	749. "	"	"	722.25	"	"	6.75
St Forgeux	237.10	"	7609. "	"	225. "	678.40	1569.25	"	161.35
Joux	527.20	"	1873.50	"	297.75	1126.75	624.50	"	122.25
St Loup	2277.76	"	1433.25	"	45. "	1110.75	"	"	22.50
St Marcel	848.66	"	1067.25	"	"	1002.75	"	"	64.50
à reporter	50346.42	18500. "	39886.50	45048.52	120281.60	194125.75	115517.55	89962.39	27491.05

Tout occupée de l'achèvement de la ligne vicinale N°. 12 qui l'intéresse au plus haut degré, cette commune a néanmoins fait quelques améliorations sur ses chemins vicinaux ordinaires.

Le chemin le plus important de Varare, celui de Palsonne, est à l'état d'entretien; les autres laissent beaucoup à désirer.

Cette commune a mis un zèle remarquable à l'ouverture de la ligne vicinale N°. 27 dont elle ne pourra cependant se servir qu'au moyen d'un embranchement en quelque sorte à créer.

La ligne vicinale N°. 7 qui serpente le territoire d'Ancy, et qui est en bon état, la dessert très-bien. Plusieurs de ses chemins vicinaux ordinaires sont encore en mauvais état, et ne seront viables qu'après avoir été rectifiés.

Le projet a été approuvé pour l'établissement du seul chemin vicinal de cette commune, mais elle ne met pas d'empressement à le réaliser.

La ligne vicinale N°. 13 qui traverse cette commune par le centre est l'objet principal de l'emploi des ressources. Elle a cependant bien amélioré le chemin de Varare.

Sans être en bien mauvais état, les chemins vicinaux de Dareizé laissent beaucoup à désirer. Un projet avait été étudié pour l'établissement d'une voie de communication par le centre de la commune; mais elle ne paraît pas disposée à l'exécuter.

Les ressources de Dième sont déjà insuffisantes pour l'établissement du chemin de Dième à Pepy; les autres chemins demeurent en mauvais état.

Rien de sérieux ne peut être entrepris pour l'amélioration des chemins vicinaux ordinaires de la commune de St Forgeux avant d'avoir achevé la ligne vicinale N°. 27, et il y a encore beaucoup à faire.

À part la ligne vicinale N°. 14 qui traverse le territoire de Joux sur une grande étendue, il n'y a guère que le chemin vicinal de Joux à la route impériale qui soit en bon état.

Un projet destiné à bien desservir la commune de St Loup demeure inexécuté par le peu de zèle de l'autorité municipale qui se contente de faire quelques réparations aux chemins actuels.

La route départementale N°. 6, rend la vicinalité de St Marcel peu importante. Des réparations ont cependant été faites de manière à rendre les chemins bien praticables.

Reporté	302346.62	18600.	759986.50	4.848.52	28283.40	8135.75	115317.33	22964.39	7491.03
les Olmes	493.02	"	156.50	"	390..	"	"	156.50	"
Pontcharra	819.87	300.	1879.	"	1488.86	172.50	986..	"	920.50
St. Germain d. P.	795.96	"	1952.	"	175..	1968.75	"	"	29.25
Ronno	453.94	"	1793.85	"	"	497.75	1103.75	"	91.75
les Sauvages	1178.41	"	687..	"	60..	672.75	"	"	14.25
Valsonne	755.18	"	1833.75	"	45.50	589.25	1174..	"	74.50
Thizy	.	"	1414.50	"	"	"	1190.25	"	224.25
Amplepuis	792.80	"	3323.25	.	"	578.75	1215.50	"	135..
Bourg de Thizy	588.21	500..	1875..	"	1000..	615..	1250..	"	"
la Chapelle d.	1081.63	500..	716.50	"	"	724.50	"	"	"
Cours	1765.68	2000..	2586.75	"	2714.50	1778.60	617.25	"	136.67
Cublize	727.64	"	2001.50	"	"	1710.61	667.50	"	14.38
à Reporter	311268.85	21900..	780701.50	4848.52	34113.26	16341.25	124581.58	23464.39	28959.78

Cette commune paraît entrer dans la voie d'amélioration de ses chemins vicinaux qui sont d'ailleurs peu étendus.

L'administration municipale de cette commune montre beaucoup de bon vouloir pour l'amélioration des chemins vicinaux, et leur réparation a été activement entreprise.

Cette commune s'est un peu relâchée sous le rapport des améliorations vicinales. Il serait à désirer qu'elle prît des mesures pour obtenir l'exécution d'un projet qui l'intéresse essentiellement.

Par suite de l'emploi des ressources de cette commune sur la ligne vicinale n°13, les chemins vicinaux ordinaires sont tombés en mauvais état. On a cependant commencé à les réparer.

La route départementale n°5 qui parcourt le territoire de cette commune en rend les chemins vicinaux peu importants.

La ligne vicinale n°13 et le chemin vicinal ordinaire tendant à Cusan qui forment la partie la plus importante de la vicinalité de Valsonne sont en bon état.

Le territoire de Thizy peu étendu est aujourd'hui un centre où rayonnent plusieurs lignes vicinales, et est en outre traversé par une route départementale.

Les deux lignes vicinales qui traversent cette commune ont été l'objet jusqu'à présent des principales améliorations. Les chemins vicinaux ordinaires sont assez en retard.

En outre des deux lignes vicinales n°8 et 9 situées en partie sur le territoire de cette commune, on a encore ouvert le chemin de Thizy à Charlieu jusqu'à la limite du département de la Loire.

Entrepris depuis quelque temps le chemin vicinal de la Drioule ne peut cependant s'exécuter que lentement, en raison surtout de quelques difficultés de tracé.

En outre de la ligne vicinale n°9, deux chemins ont été ouverts à neuf, un en cours d'exécution, et deux autres en projet.

La ligne vicinale n°10 et la route départementale n°6 desservent bien la commune de Cublize qui s'occupe aussi de quelques améliorations sur la vicinalité ordinaire.

Reports —	31268.89	21800.	36581.50	6018.51	9415.16	10557.27	11451.21.50	25498.89	28959.75
S.t Jean du B. —	88.44	"	1478.25	"	"	982.50	491.75	"	"
Moardore —	87.55	"	1077.25	"	50.	625.75	1251.50	"	"
Marnand —	145.41	"	911.25	"	"	651.50	225.75	"	"
Villefranche —	892.21	"	"	"	892.21	"	"	"	"
Arbuissonnas —	159.41	"	498.75	"	37.50	225.25	139.50	"	18.
Arnas —	120.90	"	1992.	"	994.	1260.56	659.50	"	52.12
Béligny —	695.22	"	1817.25	"	686.	1041.50	225.75	"	552.
Blacé —	343.91	"	1190.50	10.50	127.85	722.	1348.25	"	146.25
Cogny —	259.85	"	1776.50	"	40.	1015.75	525.50	"	25.75
S.t Cyr le Chatoux —	56.37	"	586.25	"	37.	219.	107.25	"	"
Dénicé —	1516.25	"	2344.	"	175.	1565.50	765.15	"	33.37
Gleizé —	541.7	300.	2508.	"	4893.65	2616.00	"	"	91.12
à Reporter —	35997.36	22100.	54803.50	6059.02	18097.17	20590.16	13057.9	25498.89	29867.85

Cette commune s'est montrée assez peu disposée jusqu'à présent pour les améliorations vicinales. Elle a cependant entrepris un embranche-ment sur la ligne vicinale N° 13 qui lui est essentiel.

Deux lignes vicinales passent sur le territoire de Marsore et cette commune s'est occupée à créer des embranchements importants pour y aboutir au bourg.

Un projet a été dressé depuis longtemps pour créer une communication de Thizy à Marnand; ce projet n'a été exécuté qu'en partie faute d'avoir reçu l'approbation jusqu'à présent.

L'agrandissement que vient de subir cette commune nécessitera la forma-tion d'un nouveau tableau de classement de chemins.

Des réparations ont été continuées jusqu'à concurrence des ressources de cette commune dont le territoire est d'ailleurs peu étendu.

Le chemin vicinal N° 11 qui traverse le centre de la commune a été l'objet de réparations assez importantes, celui N° 2 est à l'état d'entretien. Il sera nécessaire de réviser le classement des chemins vicinaux de cette commune.

L'établissement du chemin de fer a occasionné beaucoup de dégâts aux chemins vicinaux de Béligny. Cette commune se trouve supprimée par l'effet de l'agrandissement de Villefranche.

En outre de la ligne vicinale N° 20 qui se développe sur une grande étendue au territoire de Blacé, les trois principaux chemins vicinaux de cette commune ont été amenés à l'état d'entretien.

Les améliorations vicinales font peu de progrès dans cette commune où l'administration municipale n'a pas montré jusqu'à présent le zèle désirable à cet effet.

La route départementale N° 5 qui traverse, en le serpentant, presque tout le territoire de la commune de St Cyr en rend la vicinalité peu importante.

La route départementale N° 5 et la ligne vicinale N° 20 qui se longent parallèlement sur le territoire de Dénicé ne laissent plus de l'importance qu'aux chemins vicinaux destinés à relier ces deux voies de communication.

Les mesures intelligentes prises par l'administration municipale de Gleizé ont amené les chemins vicinaux de cette commune dans un état qui ne laisse rien à désirer. Une entreprise importante reste bien maintenue, mais elle se trouvera à l'avenir sur le territoire de Villefranche.

Reports	321997.26	22100. "	398139.50	45059.02	146097.47	214393.26	130379.46	23498.89	29467.85
S.t Julien	617.57	"	1587. "	"	671.59	1437. "	"	"	150.
Lacenas	2492.03	"	1350. "	317.50	396. "	1335.75	"	"	14.25
P. Pinas	4032.33	"	1422.75	"	1477.70	1166.25	"	"	256.50
Montmelas s.t	691.74	"	704.50	89.40	"	534. "	226.75	"	21.75
Ouilly	370.65	"	936. "	151.45	"	291.75	588. "	"	16.25
Rivolet	4982.11	200. "	1109.25	"	1010.05	1109.25	"	"	
Salles	169.93	"	736.50	"	59.10	210. "	2445.50	"	81. "
Vaux	1352.50	"	3970.50	160.90	584.80	1375.50	2179.81	"	417.19
Totaux	337707.10	22400. "	410036. "	45718.67	146896.11	221840.76	133831.52	23498.89	30864.71

Observations

À l'exception de celui de Blacé qui est en ce moment l'objet d'une entreprise importante, tous les chemins vicinaux de cette commune sont en bon état de viabilité.

Des réparations et une rectification ont été faites sur les chemins vicinaux de Lacenas et d'autres sont projetés.

Le principal chemin vicinal de cette commune qui la traverse par le centre est depuis longtemps à l'état d'entretien. Les autres sont l'objet de réparations successives.

Traversée dans sa plus grande étendue par la ligne vicinale N°. 20, cette commune n'a plus que des chemins vicinaux moins importants. Une rectification est en cours d'exécution sur le chemin N°. 4.

Supprimée aujourd'hui, cette commune va diviser sa vicinalité entre plusieurs autres, suivant des états de classement qui seront prochainement dressés.

La commune de Rivolet s'est montrée bien disposée depuis quelque temps pour les améliorations vicinales, et plusieurs réparations importantes sont poursuivies avec activité.

Les chemins vicinaux de cette commune sont peu étendus et sont l'objet chaque année de quelques réparations.

L'impulsion remarquable donnée à la vicinalité de la commune de Vaux sous une administration éclairée et généreuse, a subi du ralentissement; et les améliorations marchent moins activement.

Récapitulation générale des Dépenses

Chap. 66

S. Ch. 26 — Art. 1er
- Travaux sur les Ch.ns V.x de g.de Com.on — 190954.59
- Indemnité de terrain — 10165.44 — } 261618.03
- Subvention aux Communes — 22400. "

S. Ch. 26 — Art. 2me — Traitement et gratification des agents Voyers — 27700. "

Art. 3 — Dépenses diverses, impressions, publications etc — 2773.42

S. Ch. 27 — Art unique — indemnité de terrain sur les centimes centralisés — 60000. "

S. Ch. 24 §.3. — Indemnité de terrain — 126.68

Cotisations municipales — Supplément pour traitement et gratification des agents Voyers — 10995.26

Prestations en nature
- employées sur les Chemins vicinaux de grande Commun.on — 133831.52
- employées sur les Chemins vicinaux ordinaires — 221840.66 — } 355672.18

Dépenses communales
- employées aux Travaux et aux indemnités de terrains non compris les 22400 f. imputées sur les subventions Dép.les — 192017.86 — } 215046.75
- Imputées sur les Budgets de la Ville de Lyon — 23018.89

Total général — 913952.3...

État Statistique

des Lignes vicinales de grande Communication

au 15 Juillet 1853.

État des chemins — Au 31 Décembre 1852 et 1853

Au 31 Décembre 1852

Désignation des Chemins	Longueur en Kilom.	étaient encore à l'état de sol naturel	avaient été amenés à l'état de : simple terrass.t	1er empier.t	complet entretien	Total égal à la longueur
1 de Brignais à Champagne	18	"	1	1	16	18
2 de Givors à St Symphorien	41	3	6	6	26	41
3 de Chviny à Chauffailles	13	"	"	"	13	13
4 de Mt Soy à Tarare	19	"	"	2	17	19
5 de Brançon à Aiguepelle	56	"	2	5	49	56
6 du Pont St Bernard à l'Arbresle	17	"	"	2	15	17
7 de Charbonnières à Villechenève	38	"	6	4	28	38
8 d'Anse à St André de Crecy	16	"	"	"	16	16
9 du pont de Thoissey à Roanne	62	3	7	14	37	62
10 d'Amplepuis aux Echarmeaux	21	1	2	4	14	21
11 de Craponne à St Symphorien	33	3	6	4	20	33
12 de Lyon à Givors	17	3	"	"	14	17
13 des ponts Tarrets à Roanne	32	2	6	12	12	32
14 de Tarare à Violay	7	"	"	2	5	7
15 de Vienne à Rive-de-Gier	40	2	10	10	18	40
16 de Chazay à Denville	9	1	"	2	6	9
17 de Tremblay au port jean Gras	15	"	6	4	5	15
18 de Belleville à Bramayes	26	2	4	5	10	26
19 de Chessy à Poivolet	22	6	4	2	10	22
20 de St Cyr au port Rivière	46	"	4	6	36	46
21 de Vaise à St Cyr	6	"	"	"	6	6
22 de Monsol à Cluny	10	"	2	2	5	10
23 de Lamure à St Mamert	24	2	4	8	10	24
24 de Lyon à Ranissières	28	"	8	8	12	28
25 d'Yzeron au pont d'Anzieu	20	10	6	4	"	20
26 de Brançon à Mâcon	16	2	13	"	"	16
27 de Pouschanza à Villechenève	11	3	8	"	"	11
28 de Rive de Gier à Chavanay	10	1	6	3	"	10
29 de la Guillotière à Bronnieux	7	"	"	"	"	7
Totaux	675	45	116	114	400	675

Dans le courant de l'année 1853 ont été amenés

Désignation des Chemins	à l'état de simple terrass.t en partant de sol naturel	à l'état de 1er empier.t en partant de l'état de : simple terrass.t	sol naturel	Total	à l'état d'entretien en partant de l'état de : 1er empier.t	simple terrass.t	sol naturel	Total
1 de Brignais à Champagne	"	1	"	1	"	"	"	"
2 de Givors à St Symphorien	3	"	"	"	"	"	"	"
3 de Chviny à Chauffailles	"	"	"	"	"	"	"	"
4 de Mt Soy à Tarare	"	"	"	"	2	"	"	2
5 de Brançon à Aiguepelle	"	"	"	"	2	2	"	4
6 du Pont St Bernard à l'Arbresle	"	"	"	"	2	"	"	2
7 de Charbonnières à Villechenève	"	"	"	"	1	6	"	7
8 d'Anse à St André de Crecy	"	"	"	"	"	"	"	"
9 du pont de Thoissey à Roanne	"	"	"	"	2	3	"	5
10 d'Amplepuis aux Echarmeaux	1	"	"	"	"	"	"	"
11 de Craponne à St Symphorien	3	"	"	"	"	"	"	"
12 de Lyon à Givors	"	"	"	"	"	"	"	"
13 des ponts Tarrets à Roanne	2	5	"	5	"	1	"	1
14 de Tarare à Violay	"	"	"	"	2	"	"	2
15 de Vienne à Rive-de-Gier	"	"	"	"	1	10	"	11
16 de Chazay à Denville	"	"	"	"	"	1	"	1
17 de Tremblay au port jean Gras	"	"	"	"	4	"	"	4
18 de Belleville à Bramayes	"	"	"	"	2	2	"	4
19 de Chessy à Poivolet	"	1	"	1	"	2	"	2
20 de St Cyr au port Rivière	"	"	"	"	2	4	"	6
21 de Vaise à St Cyr	"	"	"	"	"	"	"	"
22 de Monsol à Cluny	"	"	"	"	"	2	"	2
23 de Lamure à St Mamert	"	"	"	"	"	5	"	5
24 de Lyon à Ranissières	"	"	"	"	"	4	"	4
25 d'Yzeron au pont d'Anzieu	"	"	"	"	"	14	"	14
26 de Brançon à Mâcon	"	"	"	"	"	14	"	14
27 de Pouschanza à Villechenève	"	"	"	"	"	6	2	8
28 de Rive de Gier à Chavanay	"	2	"	2	1	4	3	8
29 de la Guillotière à Bronnieux	"	"	"	"	"	"	7	7
Totaux	19	9	1	9	14	32	10	56

Au 31 Décembre 1853 étaient à l'état de — **Travaux d'art exécutés en 1853** — autres colonnes

Désignation des Chemins	sol naturel	simple terrass.t	1er empier.t	complet entretien	Total	aqueducs	ponceaux	ponts	Journées moyennes par jour	Dépenses restant à faire non compris les indemnités de terrains	Observations
1 de Brignais à Champagne	"	"	2	16	18	"	"	"	210	"	
2 de Givors à St Symphorien	"	9	6	26	41	22	1	"	165	12000	
3 de Chviny à Chauffailles	"	"	"	13	13	"	"	"	86	"	
4 de Mt Soy à Tarare	"	"	"	19	19	"	"	"	12	"	
5 de Brançon à Aiguepelle	"	"	6	50	56	"	"	"	71	2000	
6 du Pont St Bernard à l'Arbresle	"	"	"	17	17	3	"	"	70	"	
7 de Charbonnières à Villechenève	"	"	13	25	38	"	"	"	110	2000	
8 d'Anse à St André de Crecy	"	"	"	16	16	"	"	"	195	"	
9 du pont de Thoissey à Roanne	9	4	7	42	62	8	"	"	49	12000	
10 d'Amplepuis aux Echarmeaux	"	3	4	14	21	1	"	"	55	8000	
11 de Craponne à St Symphorien	"	9	4	20	33	13	"	"	115	30000	
12 de Lyon à Givors	3	"	"	14	17	"	"	"	90	30000	
13 des ponts Tarrets à Roanne	"	"	13	19	32	1	"	"	60	22000	
14 de Tarare à Violay	"	"	"	7	7	"	"	"	50	"	
15 de Vienne à Rive-de-Gier	1	10	11	18	40	7	"	"	65	20000	
16 de Chazay à Denville	"	"	1	8	9	3	"	"	110	2000	
17 de Tremblay au port jean Gras	"	4	2	9	15	3	"	"	50	6000	
18 de Belleville à Bramayes	"	6	6	14	26	2	"	"	45	10000	
19 de Chessy à Poivolet	"	"	3	19	22	6	"	"	50	24000	
20 de St Cyr au port Rivière	"	"	4	42	46	4	"	"	65	"	
21 de Vaise à St Cyr	"	"	"	6	6	"	"	"	240	"	
22 de Monsol à Cluny	"	2	2	6	10	2	"	"	50	3000	
23 de Lamure à St Mamert	"	5	9	10	24	9	"	"	25	15000	
24 de Lyon à Ranissières	"	4	8	16	28	10	"	"	75	10000	
25 d'Yzeron au pont d'Anzieu	2	14	4	"	20	26	4	"	"	18000	
26 de Brançon à Mâcon	2	14	"	"	16	7	7	"	"	30000	
27 de Pouschanza à Villechenève	2	6	3	"	11	"	1	"	"	18000	
28 de Rive de Gier à Chavanay	1	4	3	2	10	"	"	"	"	12000	
29 de la Guillotière à Bronnieux	"	"	"	7	7	"	"	"	"	"	
Totaux	29	94	110	456	684	137	13	"	"	246000	

La situation des dépenses sur les chemins vicinaux de grande communication sur l'exercice courant, fait l'objet d'un état qui est joint au présent rapport.

Un état séparé indique aussi les dépenses à faire en 1854. Ces dépenses arrivent à 240,000 f. non compris les frais du personnel dont une partie provient des cotisations municicipales et le crédit pour dépenses diverses d'impressions, publications, frais d'inscriptions d'actes, fournitures etc..

L'Agent Voyer en Chef, est en conséquence d'avis qu'il convient pour ne pas laisser ralentir la marche du service, de voter les cinq centimes autorisés par la loi pour être employés pendant l'exercice 1854.

Lyon, le 15 Juillet 1853.

Ragot

Chanoine, impr. à Lyon.